Werner Hauser

Aus dem Leben des Judenchristen

Jakob Parnes

1877–1954

Verlag des
Evangelischen Vereins für innere Mission
Augsburgischen Bekenntnisses
Karlsruhe

Bibliografische Information der Deutschen Nationalbibliothek
Die Deutsche Nationalbibliothek verzeichnet diese Publikation
in der Deutschen Nationalbibliografie; detaillierte bibliografische Daten
sind im Internet über http://dnb.d-nb.de abrufbar.

ISBN 978-3-920149-15-8

Verlag des Evangelischen Vereins
für innere Mission Augsburgischen Bekenntnisses e. V., Karlsruhe
Gesamtherstellung: St.-Johannis-Druckerei, 77922 Lahr
Printed in Germany 37076/2008

Verzeichnis der wichtigsten Abschnitte

Geleitwort

Das Lebensbild von Jakob Parnes wurde vom 21. Mai 2006 bis zum 25. Mai 2008 im „Reich-Gottes-Boten“ veröffentlicht. Damit verbinden sich manche Erinnerungen des Schriftleiters:

- Oktober 1930: Erste Begegnung mit Jakob Parnes im Bibelheim.
- Oktober 1933: Wieder im Bibelheim mit meinen Eltern und mit Pfarrer Beck und seiner Frau.
- 1939: Mein Vater Friedrich Hauser und ein Mitglied der Gemeinschaft in Ebingen halfen mit, dass Jakob Parnes in Tuttlingen am grauen Star operiert werden konnte.
- 14. bis 16. Juni 1946: Bibelstunden von Jakob Parnes in meiner Heimatgemeinschaft Ebingen.
- 19. bis 26. Oktober 1952: Bibelwoche im Vereinshaus in Karlsruhe-Durlach, wo am 1. September mein Dienst im A. B.-Verein begonnen hatte.

Bruder Parnes freute sich sehr, dass in jenen Wochen die ersten Bibelfreizeiten für die männliche Jugend im Dezember 1952 und im Januar 1953 festgelegt wurden. Von den Missionsschwestern sagte er damals im Blick auf ihr Alter: „Unsere Schwestern sind Großmütter geworden.“ Doch war es möglich, vom 13. bis 17. Januar 1954 mit Schwester Johanna Killguß eine gut besuchte Freizeit für Mädchen in Wolfenweiler zu halten. Abends waren gemeinsame Versammlungen, und am Nachmittag hielt ich zweimal eine Bibelstunde im benachbarten Tiengen und berichtete Bruder Parnes von dem erfreulichen Anfang.

Während seiner letzten Krankheit hat es sich so begeben, dass mein Vater und ich gerade in Bötzingen bei der Jungmännerfreizeit waren. So konnten wir noch am 1. Dezember 1954, am Tag vor seinem Heimgang, mit ihm das Abendmahl halten und dann auch an seiner Beerdigung teilnehmen.

Frau Elise Parnes war von 1920 bis 1928 Missionsschwester in Mannheim und in Emmendingen gewesen. Nach dem Heimgang ihres Mannes nahm sie ihre hilfsbedürftige Schwester zu sich nach Tiengen ins Vereinshaus. An einem kalten Februartag im Jahr 1963 siedelten sie nach Schriesheim ins Altenheim „Edelstein“ über. Am 17. März 1967 hat der Herr Frau Parnes im 80. Lebensjahr heimgerufen. Die Beerdigung fand in Ludwigshafen-Friesenheim, ihrer Heimat, statt.

Der Vater unseres Herrn Jesus Christus hat Familie Parnes reichlich gesegnet, treu behütet und für viele zum Segen gesetzt. Ihm sei Dank für alles!

Schriesheim, Altenheim „Edelstein“, im Sommer 2008
Werner Hauser

Wie der gute Hirte Sein Schäflein fand

Unter dieser Überschrift hat Jakob Parnes wenige Jahre vor seinem Heimgang berichtet, wie er zum lebendigen Glauben an Jesus, den Messias Israels, geführt wurde. Er war der Sohn jüdischer Eltern, des Landaufsehers Isaak Parnes und dessen Ehefrau Rahel. Im jüdischen Glauben aufgewachsen, hat der himmlische Vater ihn zum Glauben an Seinen Sohn Jesus Christus geführt.

Von Galizien nach Hamburg

Geboren bin ich am 26. Dezember 1877 in Ostgalizien in dem kleinen Ort Razniow, in der Nähe der Stadt Brody, nicht weit von Lemberg entfernt. Meine Heimat gehörte damals zu Österreich-Ungarn. Mein Vater war Aufseher auf einem Landgut. In Razniow bekam ich Unterricht nur in der hebräischen Sprache. In meinem zehnten Lebensjahr brachten mich meine Eltern in die sechs Stunden entfernte Stadt Brody. Dort besuchte ich die Volksschule und das Gymnasium, wo damals Deutsch die Unterrichtssprache war. Die Erlernung dieser Sprache war für mein späteres Leben wichtig.

Schon in der Kindheit hatte ich eine große Abneigung gegen das Verrichten hebräischer Gebete, die ich nicht verstand, und gegen die jüdischen Formen, die mir als eine schwere Belastung schienen. Solange ich zu Hause war und auch nachher in Brody bei den Verwandten, musste ich natürlich jeden Morgen die Gebete sprechen, da ich sonst kein Frühstück bekommen hätte. Doch versuchte ich immer, viele der vorgeschriebenen Gebete zu überspringen, um auf diese Weise schneller fertig zu werden. Je älter ich wurde, desto mehr drückte mich dieses Joch. Sooft ich aber in Not war, bat ich Gott um Hilfe. Gegen das Christentum, das ich in Galizien sah, hatte ich einen großen Abscheu und einen mit der Muttermilch eingesogenen Hass.

Da ich Talent zum Zeichnen hatte, begab ich mich im Jahr 1898 nach Wien und wollte dort in die Malerakademie eintreten. Weil ich aber zu wenig Vorkenntnisse hatte, wurde ich nicht aufgenommen. Ich überlegte, was ich nun machen sollte. Da kam mir plötzlich der Gedanke, nach Hamburg zu reisen, um mir dort eine Beschäftigung zu suchen. Dieser Gedanke war schon – wie ich erst später erkannte – vom Herrn eingegeben.

So machte ich mich auf den Weg. Wenn ich etwas Geld hatte, fuhr ich ein Stück mit der Eisenbahn; sonst wanderte ich zu Fuß. In Deutschland angelangt, traf ich mit einem jüdischen jungen Mann aus Ungarn zusammen, welcher auch nach Hamburg wollte. So reisten wir miteinander weiter. Wir kamen nach Frankfurt an der Oder. Hier kehrten wir in der „Herberge zur Heimat" ein. Da fiel uns ein Plakat an der Wand auf, auf dem Folgendes stand: „Israeliten werden freundlich eingeladen, die Judenmission in Hamburg, Eimsbüttelerstraße 31, zu besuchen, wo sie Rat und, wenn möglich, auch Arbeit erhalten werden." Keiner von uns wusste, was Judenmission ist. Wir dachten, es sei eine Einrichtung der jüdischen Gemeinde, um zureisenden Juden zu helfen. Wir schrieben uns deshalb die Adresse auf.

An einem Samstag kamen wir in Berlin an. Wir übernachteten in dem schön und sauber eingerichteten Obdachlosenasyl der Sozialdemokraten. Am Sonntag früh sahen wir, wie eine größere Zahl der Männer, welche mit uns übernachtet hatten, in eine bestimmte Richtung wanderte. Wir fragten sie, wo sie hinwollten. Die Antwort hieß: „Kommt nur mit!" Wir gingen mit und kamen in einen großen Saal. Tische mit Tassen standen bereit. Wir durften uns setzen. Dann kamen junge Männer vom Christlichen Verein Junger Männer, gaben jedem zwei Brötchen, in Berlin Schrippen genannt, und schenkten uns Kaffee ein. Als wir gegessen und getrunken hatten, wurde ein Gottesdienst gehalten. Das Wort, über welches gesprochen wurde, lautete: „Kommt, es ist alles bereit! Kommt zur Hochzeit!" (Lukas 14,17). Das war das erste Mal in meinem

Leben, wo ich das Evangelium hörte! Der Eindruck war der, dass ich zu meinem Wanderkollegen sagte: „Das Moralische war ganz gut. Das, was er von Jesus sagte, können wir natürlich nicht gebrauchen.“ Ohne unser Wissen waren wir in die sogenannte „Schrippenkirche“ geraten und hörten dort erstmals die Botschaft von Jesus Christus.

Unser Ziel war ja Hamburg. So reisten wir weiter. Im Oktober 1898 kamen wir in Hamburg an. Wir gingen in ein Restaurant, um zu Mittag zu essen. Am selben Tisch saß ein Mann, dem wir ansahen, dass er Jude war. Wir fragten ihn, ob er uns sagen könnte, was das mit der Judenmission wäre. Wir hätten in Frankfurt an der Oder die Adresse gelesen.

Der Mann erklärte uns, dass es eine Anstalt sei, wo jüdische junge Männer aufgenommen und beschäftigt würden und gleichzeitig Gelegenheit hätten, vom Christentum zu hören, ohne dass man gezwungen würde, sich taufen zu lassen. Man könne jederzeit wieder fortgehen, wenn es einem nicht gefiele.

Im Missionshaus Jerusalem in Hamburg

Der Mann bot sich auch an, uns zum Vorsteher der Mission zu führen, wenn wir es wünschten. So brachte er uns zu Herrn Pastor Frank. Dieser schaute sich unsere Papiere an, fragte allerlei nach unserem Herkommen und schickte uns zum Hausvater des Missionshauses, dem Chrischonabruder Stolte. Der empfing uns sehr freundlich und lud uns ein, am nächsten Tag zur Bibelstunde zu kommen. Jeden Tag von 11 bis 12 Uhr fand im Missionshaus Jerusalem eine Bibelstunde für Juden statt. Wir nahmen einige Tage daran teil.

Am 7. November 1898 wurde ich im Missionshaus aufgenommen, während mein Wanderkollege sich von der jüdischen Gemeinde nach London weiterschicken ließ. So war es wieder eine göttliche Fügung gewesen, dass ich im Restaurant mit jenem Juden am selben Tisch zusammentraf. Er war Judenchrist und hat uns gern zu Pastor Frank gebracht.

Für mich war es maßgebend, dass man nicht gezwungen wurde, sich taufen zu lassen. Ich war in Hamburg fremd. Darum war es mir lieb, im Missionshaus Unterkunft und Beschäftigung zu bekommen. Ich wollte Zeit gewinnen, um mich nach einer Anstellung umsehen zu können. Aber der Herr hatte andere Gedanken mit mir. Im Missionshaus wurde ich von der Liebe überrascht, mit welcher Christen mit Juden umgingen. In Galizien bestand Hass zwischen Christen und Juden.

Von Christus ergriffen

In jener Zeit evangelisierte der bekannte Evangelist Elias Schrenk in Hamburg. Der Hausvater Stolte ging mit uns in diese Vorträge. Obwohl ich nicht viel davon verstand, machte doch der tiefe Ernst von Elias Schrenk auf mich einen nachhaltigen Eindruck.

Nachdem ich etwa sechs Wochen lang das Evangelium in den Bibelstunden und Andachten im Missionshaus und in der Jerusalem-Kirche gehört hatte, erlebte ich eine besondere Stunde, in welcher der Herr in Gnaden anfing, sich mir zu offenbaren.

Neben den beiden Pastoren Aston und Frank hielt Bruder Schmid zweimal in der Woche die Bibelstunde. Er war Schiffszimmermann von Beruf. Die Judenmission hatte ihn zuerst als Kolporteur angestellt zur Verbreitung von Bibeln und christlichen Schriften. Dann wurde ihm die Aufsicht und Leitung in der Werkstätte des Missionshauses übertragen, in der die jüdischen jungen Männer beschäftigt waren.

Bruder Schmid war ein geistgesalbter Mann und ein echter Bußprediger. In jener besonderen Stunde las er mit uns jungen Juden die Verheißungen aus dem Alten Testament und suchte uns zu zeigen, wie sie in Jesus Christus in Erfüllung gegangen sind. Während des Zuhörens erlebte ich eine innere Erleuchtung und wurde überzeugt, dass Jesus der Messias ist. Der Eindruck war so stark, dass ich nach jener Stunde mich getrieben fühlte, in ein Kämmerlein zu gehen, wo ich zum ersten Mal den Herrn angerufen habe. Die Folge war, dass mein Leben mit allen Verkehrtheiten vor mir stand. Ich wusste, dass allerlei zu bekennen war, auch vor Menschen.

Eines Abends saß ich im Lesezimmer des Missionshauses und dachte über meinen inneren Zustand nach. Dabei sagte ich zu mir selbst: „Du kannst dich jetzt noch nicht taufen lassen. Du hast ja noch nicht einmal das Neue Testament durchgelesen." Am Sonntag darauf predigte Herr Pastor Frank. Während dieser Predigt sagte er: „Wenn einer sich bekehren will, so braucht er nicht zu denken: Ich muss die ganze Bibel durchlesen." Ich nahm mir vor, mit Hausvater Stolte zu sprechen, wenn ich heimkomme. Weil ich aber beschämende Dinge zu sagen hatte, schob ich es von einem Tag zum andern hinaus.

In jenen Tagen sollte das neue Missionshaus Jerusalem in Hamburg eingeweiht werden. Das alte war vorher in Altona. Die Zöglinge des Missionshauses veranlassten mich, ein Bild zur Einweihung anzufertigen. Ich zeichnete den Heiland, wie Er vor einer Tür steht und anklopft. Das Bild wurde eingerahmt und im Speisesaal aufgehängt.

Als die Einweihungsfeier zu Ende war, kam Herr Pastor Frank zu mir, sprach einige Worte über das Bild, und dann sagte er: „Nun steht Er auch vor Ihrer Herzenstür und klopft an. In einem schönen Lied heißt es: ‚Tu Ihm auf und lass Ihn ein!'" Da empfand ich in meinem Herzen, als ob ein Stück Eis schmelzen würde.

Als die Gäste fort waren, hielt der Hausvater Stolte mit uns eine Gebetsvereinigung. Da betete ich zum ersten Mal öffentlich. Am nächsten Morgen bat ich den Hausvater, dass wir das Lied singen möchten: „Nur mit Jesus will ich Pilger wandern." Am Abend desselben Tages ging ich zum Hausvater und schüttete mein Herz vor ihm aus. Er freute sich und betete mit mir. Nun konnte ich mit Freuden rühmen, dass der

Herr Jesus auch mein Heiland ist. So hatte der gute Hirte Sein Schäflein gefunden.

In jenen Tagen war mein Herz wie eine aufgeschlossene Blume. Ich konnte nicht genug im Wort Gottes lesen und es mit Freuden hören. Eines Tages sprach Herr Pastor Frank über die Kennzeichen der Gotteskindschaft. Ich hörte aufmerksam zu und prüfte mich, ob bei mir diese Kennzeichen vorhanden wären. Als ich dies feststellen konnte, bat ich, mich taufen zu wollen. Herr Pastor Frank freute sich, doch wartete er mit der Taufe, weil man erst sehen wollte, ob die Sache echt wäre. Am 19. März 1899 wurde ich zusammen mit einem Juden aus Ungarn getauft.

Die Eltern halten Totenklage um den Sohn

Zuerst schrieb ich an Verwandte von meinem Erleben. Durch diese erfuhren meine Eltern, dass ich bei Missionaren war. Sie waren bestürzt und hielten um mich die Totenklage, als ob ich gestorben wäre. Sie meinten, ich sei ein Abtrünniger geworden. Dann schrieben sie mir herzbewegende Briefe und baten mich, zum jüdischen Glauben zurückzukehren. Da hatte ich Gelegenheit, ihnen zu antworten und auf Grund des Wortes Gottes ihnen zu sagen, dass ich jetzt erst ein rechter Sohn Abrahams wäre.

Nach meiner Taufe besuchte ich die Kunstgewerbeschule in Hamburg, um mich im Zeichnen weiter ausbilden zu lassen. Im Sommer bekamen wir Ferien. Ich schrieb meinen Eltern davon, fügte aber hinzu, dass ich die weite Reise nicht machen könne. Daraufhin bekam ich einen sehr lieben Brief von meinen Eltern. Sie machten mir keine Vorwürfe mehr, sondern luden mich sehr herzlich ein, zu ihnen zu kommen und die Ferien bei ihnen zu verbringen. Obwohl meine Eltern arm waren, boten sie mir an, mir das Reisegeld zu schicken. Ich dachte, das wäre eine gute Gelegenheit, mündlich mit den Eltern zu sprechen. Herr Pastor Frank ermunterte mich auch, die Reise zu machen.

Als ich zu den Eltern kam, merkte ich bald, dass sie mich in eine Falle gelockt hatten. Sie dachten, wenn ich zu Hause wäre, könnten sie mich überreden dazubleiben, und mit der Zeit würden sich meine dummen Ansichten wieder verlieren.

Meine Eltern wohnten in einer katholischen Gegend. Da war keine Gelegenheit, Gottes Wort zu hören und Gemeinschaft zu pflegen. Ich war aber noch ein kleines Kindlein im Glauben und brauchte deshalb Pflege. So entschloss ich mich, nach Hamburg zurückzukehren.

Ich hatte eine sehr liebe, treu besorgte Mutter, mit welcher ich in inniger Liebe verbunden war. Sie begleitete mich zum Bahnhof. Der Zug kam. Die Mutter fing an zu weinen. Sie hätte mich so gerne dabehalten. Doch diesmal durfte ich den Wunsch meiner lieben Mutter nicht erfüllen. Ich verabschiedete mich so herzlich als möglich und fuhr nach Hamburg zurück.

Mit meinen Eltern blieb ich in brieflichem Verkehr. Später durfte ich sie unterstützen. So siegte die Liebe. Die Eltern söhnten sich mit mir aus. Ich durfte sie wieder besuchen; doch war auch ihnen klar, dass das kleine Dorf in Galizien keine Heimat mehr für mich sein konnte. Sie hielten es nur für verkehrt, dass ich an Christus glaubte und sogar das Evangelium verkündigte. Doch meinten sie: Weil ich ihnen Liebe erwies und sie unterstützte, so würde mir Gott doch gnädig sein.

Meine Eltern hatten ja keine solche Gelegenheit wie ich, das unverfälschte Evangelium zu hören. Der Herr wird ihnen in der Ewigkeit die Gelegenheit schenken. So werden wir uns auch einmal verstehen und in der Liebe zu Christus eins sein dürfen.

Fünfzig Jahre sind verflossen, seitdem der Herr angefangen hat, sich mir zu offenbaren. Er hat sich seither in meinem Leben als der Heiland meiner Seele erwiesen und mir unendlich viel Gutes getan. Der Herr hat mich mit großer Geduld getragen und unermüdlich Sein Werk in mir gehabt. Er hat mich gewürdigt, Sein herrliches Evangelium zu verkündigen, hat mir auch durch die nationalsozialistische Zeit gnädig hindurchgeholfen und mich bewahrt. Und nun darf ich Ihm im Alter mit Freuden dienen. Darum: „Lobe den HERRN, meine Seele, und vergiss nicht, was Er dir Gutes getan hat!“ (Psalm 103).

Hier endet der Bericht von Jakob Parnes, den er 1949 geschrieben hat.

Der Weg nach St. Chrischona 1900

Nachdem Jakob Parnes am 19. März 1899 getauft worden war, reifte in ihm der Entschluss, ein Prediger des Evangeliums zu werden. Weil der Hausvater des Missionshauses Jerusalem Chrischonabruder war, lag es nahe, sich dort zu melden.

Am 6. Februar 1900 schrieb Jakob Parnes an das „Wohllöbliche Inspektorat der Pilgermissions-Anstalt zu St. Chrischona“. Er begann:

„Seit längerer Zeit verspüre ich den Ruf des Herrn, in Seinen besonderen Dienst zu treten. Eine Einwilligung der Eltern kann ich leider nicht beibringen, da dieselben Juden sind und entschieden dagegen sein werden.“

Pastor Arnold Frank stellte ihm am 6. März 1900 folgendes Zeugnis aus:

„Da Jakob Parnes seit November 1898 in unserer Mission ist, so hatten wir Gelegenheit, ihn kennenzulernen. Während der ganzen Zeit seines Hierseins machte er uns nur Freude. Durch sein stilles, freundliches Wesen und seine guten Bibelkenntnisse erwarb er sich die Achtung der anderen Zöglinge und übte einen guten Einfluss auf sie aus. Wir, die wir an der Arbeit stehen, sind von Parnes’ Aufrichtigkeit und Standhaftigkeit überzeugt. Wo er Gelegenheit hat, legt er ein warmherziges

Zeugnis von Jesus ab. Wir glauben, wenn er bei Ihnen Aufnahme findet, wird er durch des Herrn Gnade ein bescheidener, treuer und nützlicher Arbeiter in Christi Weinberg werden.

Arnold Frank, Pastor“

Schon am 15. Februar 1900 hatte Pastor Frank geschrieben:

„Da wir es wissen, dass Sie Ursache haben, mit der Aufnahme von Proselyten vorsichtig zu sein, und damit Sie ihn persönlich kennenlernen sollten, meinen wir (Bruder Stolte und ich), er sollte in Ihrer Anstalt bis September als Gast sein, und hoffen, dass Sie ihn dann als Zögling behalten werden.“

Dass diese Anregung befolgt wurde, geht aus dem Brüderverzeichnis der Pilgermission hervor, in dem Jakob Parnes unter Nummer 1076 geführt wurde. Dort ist zu lesen: „Eintritt: 26. April 1900 als Verwalter der Caféhalle; Austritt: 1904. Tritt in den Dienst der Judenmission in Hamburg und bewährt sich dort sehr gut.“

Im Dienst der Judenmission 1904–1908

Für Pastor Frank war es eine Freude, dass Jakob Parnes, den er im Jahr 1899 getauft hatte, nach seiner Ausbildung auf St. Chrischona nach Hamburg zurückkehrte. Er schrieb damals in seinem Blatt „Zions Freund“:

„Missionsprediger J. Parnes reist im Auftrag der Hamburger Judenmission. Unterzeichneter bittet die Herren Amtsbrüder und Gemeinschaftsleiter, Bruder Parnes Gelegenheit zu geben, Judenmissionsansprachen zu halten. Diesbezüglich wolle man an mich schreiben.

A. Frank, Pastor, Hamburg.“

Reiseerinnerungen von Missionsprediger J. Parnes

Im „Zions Freund" schrieb er:

Die besten Missionare sind lebendige Christen, die durch die Treue im Kleinen ihr Christentum beweisen. Darum auch ein Beispiel aus der Erfahrung. Ich bekam die Adresse einer jüdischen Dame, die sich für das Christentum interessiert. Ich besuchte sie, wurde freundlich aufgenommen und konnte mit ihr sprechen. Sie nahm auch Schriften an. Wie kam das? Diese Dame hat ein christliches Dienstmädchen, welches so treu ist, dass sich die Dame von ihr beeinflussen lässt. Sie lobte jene Gemeinschaft, zu der sich das Mädchen hält, und erlaubt es ihren Kindern, mit dem Dienstmädchen die Versammlungen zu besuchen. – Wie mancher Jude würde sich zu Jesus hingezogen fühlen, wenn er lebendiges Christentum sehen würde! Was sehen die Leute, die mit dir zusammenleben, bei dir, lieber Leser?

Besuch bei den Eltern

Eine Freude war es mir, dass ich meine Eltern, die in Galizien wohnen, nach siebenjähriger Trennung wiedersehen konnte. Nachdem sie es versucht hatten, mich wieder vom Glauben abzubringen, mich auch einmal nach meiner Taufe heimgelockt hatten in der Hoffnung, dass ich dann zu Hause bleiben würde, ließen sie mich in Ruhe. Sie schrieben mir immer, und so bestand ein freundschaftliches Verhältnis.

Als ich sie nun besuchte, nahmen sie mich freundlich auf. Der Vater hatte doch über die Sache nachgedacht. Es schien ihm unmöglich zu sein, dass solche klugen Leute, wie die Judenmissionare sind, an Jesus glauben sollten. Nun fragte mich der Vater, ob das wirklich so ist, wie die galizischen Juden behaupten, dass wir an Jesus glauben. Da hatte ich nun Gelegenheit, wieder Zeugnis abzulegen, dass Jesus wirklich der Messias ist.

Der Vater hörte diesmal still zu, ohne zu widersprechen. Es schien mir, dass er die Sache in seinem Herzen bewegte.

Aus dem Leben von Anna Maria Parnes 1867–1927

Während seines Dienstes in der Judenmission verheiratete sich Jakob Parnes am 13. Juni 1906 mit Anna Maria Schumacher. Wir bringen hier, was er nach dem Heimgang seiner Frau im „Reich-Gottes-Boten“ berichtet hat.

Aus ihrer Jugendzeit

Anna Maria Parnes, geborene Schumacher, wurde am 24. Juli 1867 in Tiengen im Breisgau geboren. Als ganz kleines Kind von neun Monaten kam sie zu ihrer Großmutter nach Stuttgart, welche sie fortan behielt, als eigenes Kind annahm und erzog. Als die Großmutter das kleine Kind auf den Arm nahm, erlebte sie etwas Wunderbares. Es durchströmte sie eine geheimnisvolle Kraft, mütterliche Gefühle erwachten in ihrem Herzen zu diesem Kind, und fortan hing sie mit der zärtlichsten Liebe an ihm. Es schmiegte sich an die Großmutter und wollte von da an von der eigenen Mutter nichts mehr wissen, sondern weinte und sträubte sich, wenn sie ihr Kind wieder nehmen wollte.

So hat der Herr schon in der zartesten Kindheit in dieses Menschenleben eingegriffen und es für sich ausgesondert und für Seinen Dienst erziehen lassen. Die Großmutter, eine weise und edel denkende Frau, erzog ihr Enkelkind musterhaft. Sie scheute keine Kosten, damit das Mariele so viel lernte als nur möglich. Das Kind besuchte die Töchterschule in Stuttgart, die in christlichem Geist geleitet war. Auch der bekannte Professor Bettex unterrichtete an dieser Schule. Acht Jahre lang bekam das Kind Musikunterricht. Nach der Konfirmation schickte die Großmutter ihr Mariele in ein gutes Pensionat in der französischen Schweiz, in dem ein christlicher Geist herrschte.

Dabei musste sich aber die heranwachsende Tochter in der größten Einfachheit im Essen und in der Kleidung üben und auch alle vorkommenden häuslichen Arbeiten lernen und ausüben. Durch diese große Einfachheit stach das Kind von den anderen Mitschülerinnen sehr ab, die auf das Mariele als auf ein Aschenbrödel herabschauten. Auch der Tochter war es manchmal peinlich. Doch die Großmutter blieb fest. Sie lehrte das Kind die Armen und Arbeiter lieben und deren Dienstleistungen hoch schätzen, dabei auch selbst gern dienstbereit sein. Die Großmutter sagte dem Kind: „Diese Leute brauchen dich nicht, aber du brauchst sie."

So wurde in ihr ein guter, solider Grund für das spätere Leben gelegt. Sie konnte sich in jede Lage fügen und auch in den schweren Zeiten der Inflation freudig durchhalten.

Die Erleuchtung

Maria Schumacher hatte von Jugend auf einen Zug zum Göttlichen. Sie wurde vor Jugendsünden bewahrt und wuchs in großer Reinheit auf. Ihr Vormund, Kriegsrat Grummel, schenkte dem lesehungrigen Kind gute Bücher, wodurch die reiche Fantasie mit guter Nahrung gespeist wurde. Dadurch gewann sie einen reichen Schatz alles Wissenswerten. Doch empfand sie je länger, je mehr, dass ihr das Eine, das Not ist, noch fehlte. Die Großmutter konnte ihr darin nicht helfen. In ihrer Heimat wirkten rationalistische Pfarrer, deren Anschauungen auch die Großmutter teilte.

Gott sorgte nun für die rechte Hilfe. Im selben Haus in Stuttgart wohnte im vierten Stock eine schlichte Näherin. Sie fiel durch ihr freundliches Wesen auf. Manchmal hörte man sie christliche Lieder singen. Eines Tages klopfte diese Hausbewohnerin an die Tür und lud schüchtern zum Besuch der Vorträge und Bibelstunden von Elias Schrenk ein. Maria Schumacher ging mit und wurde ergriffen. Elias Schrenk sagte, der Heiland sei nicht nur im Neuen Testament zu finden, sondern auch im Alten Testament, weil Christus, der ewige Gottessohn, der Schöpfer und Erhalter der Welt ist. Er riet den Zuhörern, die Bibel daraufhin zu lesen und den Herrn darin zu suchen. Diesen Rat befolgte Maria Schumacher treulich. Sie las die Bibel von Anfang an fortlaufend mit dem Verlangen, den Herrn zu finden. Jede gewonnene Erkenntnis suchte sie ins praktische Leben umzusetzen.

Eines Tages saß sie mit der Großmutter im Stadtgarten in Stuttgart. Während diese einem Konzert lauschte, las sie in ihrer Bibel und wurde innerlich vom Geist Gottes erleuchtet. Der Sohn Gottes offenbarte sich ihr in Seiner großen Herrlichkeit und in Seiner Liebe zu einer verlorenen Welt. Diese herablassende, hingebende Liebe überwältigte sie so sehr, dass sie sich tief beugen musste in dem Gedanken, diesem Heiland gegenüber bisher so kalt gewesen zu sein. Sie öffnete Ihm ihr ganzes Herz, bekam tiefe Sündenerkenntnis und entschloss sich, nun auch ganz für den Herrn zu leben.

Die Bibel blieb fortan ihre treuste Lebensgefährtin. Jeden Augenblick nützte sie aus, darin zu lesen. Der Herr Jesus Christus war ihr bester Freund. Seine Ehre ging ihr über alles. Es schmerzte sie tief und sie war oft empört, wenn sie etwa bei Pfarrern merkte, dass sie Jesus nicht als den biblischen Christus predigten, sondern nur als edlen Menschen. Sie empfand dies als eine Majestätsbeleidigung.

Wachstum in der Stille

Die Großmutter litt es nicht, dass Maria oft in die Versammlungen ging. Nur dann und wann durfte sie einmal gehen, wenn Elias Schrenk wieder da war. Sie machte auch Bekanntschaft mit der Heilsarmee und besuchte gelegentlich auch einmal deren Versammlungen. In ihrem Herzen war ein großer Hunger nach geistlicher Speise, den sie aber nur wenig durch das Hören des Wortes stillen durfte. Deshalb war sie genötigt, umso mehr in der Stille durch Lesen und den verborgenen

Umgang mit dem Herrn das erwachte neue Leben zu pflegen. Das tat sie sehr treu und schöpfte in der Stille aus dem lebendigen Wasserbrunnen. Das hatte zur Folge, dass ihr geistliches Leben etwas Natürliches und Ungekünsteltes bekam. Sie entwickelte sich original. Die Bibel wurde ihr Lebenselement und deren Gestalten ihre vertrautesten Freunde.

So blieb sie in der Stille bis zu ihrem 33. Lebensjahr, als die Großmutter im Alter von 82 Jahren starb. Mit 80 Jahren hatte sie noch Sündenerkenntnis bekommen und die Gnade des Herrn gesucht. Darauf folgten zwei schöne Jahre, in denen die alte Frau sich recht bemühte, ihre noch kurze Lebenszeit für die Ewigkeit auszunützen.

Die Großmutter blieb von Stuttgart aus mit ihrer Heimat Tiengen in Verbindung. Dort wirkte von 1884 bis 1899 Pfarrer Karl Höflin. Durch ihn angeregt, gab sie das Geld zur Erbauung einer Kinderschule in Tiengen und später auch für eine solche in Schallstadt. In ihrer letzten Krankheit behandelte sie Dr. Zeller, ein gläubiger Arzt. Er fragte einmal die Enkelin Maria, was sie nach dem Tod der Großmutter zu tun gedenke. Sie sagte, sie wolle nach dem Willen der Großmutter nach Tiengen gehen, um dort zu dienen. Da riet ihr Dr. Zeller, zuerst die Krankenpflege zu erlernen, damit sie in der Heimat ihren Mitmenschen leichter nähertreten und besser dienen könne. Das tat sie auch. Nachdem die Großmutter gestorben war, lernte sie im Karl-Olga-Krankenhaus in Stuttgart die Krankenpflege und siedelte dann nach Tiengen über.

Im Dienst des Meisters

Als in Tiengen die Kinderschule erbaut war, versuchte die Kinderschwester Lisette Schmidt, einigen Frauen zu dienen. Da taten sich der Nachfolger von Pfarrer Höflin, der Lehrer und der Bürgermeister zusammen. Sie unterdrückten die Bestrebungen der Schwester und sorgten dafür, dass sie von

Tiengen fortkam. Nun war es die Aufgabe der nach Tiengen gekommenen Maria Schumacher, den suchenden und verlangenden Frauen zu dienen. Zuerst wohnte sie bei Verwandten. Doch merkte sie bald, dass sie da nicht viel ausrichten konnte. Eines Tages wurde es ihr innerlich klar, dass sie ein eigenes Haus bauen sollte, um ungehindert wirken zu können. So ließ sie das jetzige Vereinshaus in Tiengen bauen.

Im Jahr 1902 begann dort die Arbeit. Fräulein Remmele von Freiburg hielt Versammlungen für Frauen und junge Mädchen. Maria Schumacher pflegte die Kranken und sammelte die Kinder in der Sonntagsschule und junge Mädchen im Jungfrauenverein. Nach dem Heimgang von Fräulein Remmele kamen Bruder Eckardt und Bruder Greiner von Freiburg, Bruder Oestreicher von Emmendingen und Bruder Höfflin von Bötzingen. So entstand eine Gemeinschaft in Tiengen. Dann griff das Feuerlein nach Opfingen über. Auch dort entstand eine Versammlung und eine Sonntagsschule.

Im Jahr 1905 kam der Schreiber dieser Zeilen nach Tiengen und warb um die Hand von Maria Schumacher. Er hatte sie im Jahr 1902 einmal gesehen und behielt von da an eine Zuneigung zu ihr im Herzen. Sie war eine große Freundin des Volkes Israel und nahm am Zionistenkongress in Basel mit großer Begeisterung teil. Da konnte sie nicht Nein sagen, als ein bekehrter Jude um sie warb.

Doch was sollte aus der Arbeit in Tiengen werden? Zunächst schien es unmöglich, dass sie von Tiengen wegkommen könnte. Sowohl ihr als auch dem Werbenden lag das Reich Gottes sehr am Herzen. Schon waren beide bereit, mit schwerem Herzen auf den gemeinsamen Lebensweg zu verzichten. Da zeigte sich ein Ausweg. Maria Schumacher hatte schon vorher Emma Hassler, ein junges Mädchen aus Tiengen, in der Krankenpflege ausbilden lassen. Nun war diese bereit, ihre Nachfolgerin in Tiengen zu werden. Sie zog mit ihrer alten Mutter ins Haus, das sie verwaltete. Sie pflegte die Kranken und diente der Jugend bis zu ihrem Heimgang.

Im gemeinsamen Dienst für den Herrn

Anna Maria Parnes

Am 13. Juni 1906 war unsere Hochzeit in Hamburg. Drei Jahre lebten wir da und dienten in der Judenmission. Dann kam ein Ruf in die Gemeinschaftsarbeit nach Mecklenburg. Dort schenkte uns der Herr ein sich immer weiter ausdehnendes Arbeitsfeld. Es war dort viel Pionierarbeit zu tun und viel zu wandern. Mit Freuden begleitete mich meine Frau und diente mit ihrem schönen Gesang. Sie betete für mich, während ich das Evangelium verkündigte, und gewann die Herzen durch ihr freundliches Wesen. Oft kamen wir spät nachts nach Hause. Bei jedem Wetter galt es zu gehen. Aber sie war mit Freuden dienstbereit.

An unserem Wohnort in Ludwigslust diente sie den Kindern und Jungfrauen. Sie verwaltete das Haus, während ich unterwegs war, und gestaltete es zu einer Heimat, in welche die Geschwister mit Freuden einkehrten. Selten waren wir ohne Besuch. Jeder fühlte sich bei uns wohl.

Wenn wir einmal einen freien Abend hatten, so empfanden wir es als eine große Erquickung. Als ich während des Krieges über drei Jahre Soldat war, hat sie den großen Bezirk verwaltet und sorgsam gewacht, dass die Arbeit keinen Schaden litt.

Im Herbst des Jahres 1920 kam eine Anfrage vom Evangelischen Verein für innere Mission Augsburgischen Bekenntnisses in Baden, ob wir nicht in die Heimat meiner Frau kommen wollten, um von Tiengen aus die Arbeit am Tuniberg und am Kaiserstuhl zu übernehmen. Wir erkannten darin Gottes Führung und kamen im Jahr 1921 nach Tiengen.

Auch hier ist meine geliebte Frau mir treu zur Seite gestanden. In Tiengen selbst hat sie das Hauswesen besorgt, den Kranken gedient, Sonntagsschule und Jungfrauenstunden gehalten und dazu noch im ganzen Bezirk den Frauen und Jungfrauen in Versammlungen gedient. Dabei hat sie mir noch viel bei der Erledigung schriftlicher Arbeiten geholfen. Da sich ihr viele in Freundschaft anschlossen, bekam sie einen großen Briefwechsel, und nur zu lange mussten oft ihre Freundinnen auf Nachricht warten. Weil uns der Herr keine eigenen Kinder schenkte, konnte sie sich ganz der Arbeit widmen.

Wie ein Sonnenschein war sie überall, wo sie hinkam. Sie gewann die Herzen und war mir so eine unschätzbare Gehilfin und Wegbereiterin in der Arbeit. So durften wir 21 Jahre lang im Norden und im Süden dienen. Im Rückblick auf diese Zeit sagte sie einmal: „Viel Arbeit und viel Freude."

Was mir diese gottinnige Frau persönlich gewesen ist, wird erst die Ewigkeit offenbaren. Wir waren von Natur sehr verschiedene Charaktere, und doch flossen unsere Seelen zusammen, weil wir dieselben inneren Ziele hatten und nur für Jesus leben wollten. Wir wurden einander immer lieber. Es gab auch Verstimmungen. Aber immer siegte die Liebe, und unter dem Kreuz fanden wir dann auch immer den Ausgleich.

Krankheit und Heimgang

Im Dezember 1924 fing meine Frau an zu kränkeln. Einmal waren wir schon auf dem Weg zum Arzt zur Untersuchung; da erlebte sie eine plötzliche Besserung. Später kam es wieder durch Handauflegung und Gebet eines gereiften Bruders zu einer Erleichterung. Ich sah, dass meine Frau zu viel Arbeit hatte, und strebte danach, ihr eine passende Hilfe zu verschaffen. Doch wollte es nicht gelingen. Sie selbst aber schonte sich nicht, weil viele Aufgaben da waren. So arbeitete sie bis zum Zusammenbruch. Im Winter 1926/1927 war sie mehrere Wochen ernstlich krank. Es wurde wieder besser, doch wollte die alte Frische nicht wiederkehren.

Ich hoffte, dass ich meiner Frau im Sommer Ruhe und Erholung verschaffen könnte. Da musste sie sich am 18. Mai zu Bett legen. Als der Arzt kam, stellte er Wassersucht fest. An einem Tag nahm er etwa sieben Liter Wasser ab. Doch am nächsten Tag war der Leib wieder ganz voll. Da sahen wir, dass die Sache sehr ernst stand, und sprachen ganz offen mit dem Arzt darüber. Er wollte die Verantwortung nicht allein übernehmen und riet uns deshalb, nach Freiburg ins Diakonissenhaus zu gehen, um festzustellen, ob noch etwas zu machen wäre. Am Mittwoch vor Himmelfahrt brachte ich mein Mariele nach Freiburg. Doch zeigte es sich bald, dass die Kranke für eine Operation zu schwach und eine solche auch wegen des fortgeschrittenen Zustands der Krankheit zwecklos wäre. Da entschloss ich mich, meine geliebte Kranke wieder nach Tiengen zu nehmen, damit ich ihr die letzten Liebesdienste selbst erweisen konnte und damit sie in dem Haus, das sie zur Ehre Gottes gebaut hatte, auch heimgehen dürfe. Die folgenden Tage zeigten, dass wir damit recht getan hatten.

Es folgte nun eine schwere, aber unaussprechlich selige Zeit. Das Krankenzimmer war voll von der Herrlichkeit des Herrn. Es wehte darin Himmelsluft. Geduldig wie ein Lämmlein litt die liebe Kranke, sodass der Arzt ganz verwundert war. Für jede Handreichung und Erleichterung war sie rührend dankbar. Immer wieder sagte sie: „Der Heiland am Kreuz hat es nicht so gut gehabt, und ich habe so viele Erquickungen.“

Offenbar hatte sie sich schon längere Zeit mit dem Heimgang beschäftigt. Von Anfang an war es ihr gewiss, dass der Herr sie jetzt heimholen werde. Wir redeten ganz offen darüber und besprachen alles bis ins Kleinste. Sie war innerlich auf den Heimgang völlig vorbereitet und sehnte sich heimzugehen, weil sie wegen der Schwachheit ihres Leibes ihre Aufgabe nicht mehr erfüllen konnte. So selbstlos, wie sie im Leben gewesen war, war sie es auch im Sterben. Nur das Wohl der Arbeit und mein persönliches Wohlergehen lagen ihr am Herzen.

Ihr Inneres war voll Frieden und gewisser Zuversicht der Herrlichkeit, ein lebendiger Beweis der Wahrheit von Hebräer 11,1: „Es ist aber der Glaube eine gewisse Zuversicht des, das man hofft, und ein Nichtzweifeln an dem, was man nicht sieht." Immer wieder bezeugte sie es – in den letzten Tagen, als sie nicht mehr sprechen konnte, durch Kopf- und Handbewegungen –, dass ihr der Heiland nahe sei und dass sie großen Frieden habe. Mit großer Mühe schrieb sie mir noch auf ein Täfelchen: „Mein ist der Himmel." Die Kranke ermahnte die sie Besuchenden, besonders die Verwandten, ja rechtzeitig den Heiland zu suchen, weil man das auf dem Kranken- und Sterbebett nicht mehr tun könne: „Wo wollte ich jetzt hinlaufen, um den Heiland noch zu finden!"

Heiß war der Tiegel, in den die Kranke noch zur letzten Läuterung und Bewährung gelegt wurde. Besonders litt sie an großem innerem Brand und Durst. Als man ihr einmal Wasser reichte, tauchte sie den Finger ein und sagte: „Der arme reiche Mann!" Fast bis zuletzt blieb sie bei vollem Bewusstsein und im Bezeugen des großen Friedens, den sie hatte. Der Arzt erklärte mir am Sterbelager, dass er so noch niemanden habe sterben sehen.

So ist dieses Kranken- und Sterbebett ein Triumph der Gnade geworden. Meine Frau wollte nichts hören von dem, was sie getan hatte, sondern nur von der Gnade. Eine Freundin sandte ihr das Lied: „Einst sing ich nicht mehr, wie ich sang." Darin heißt es immer wieder: „Nur Gnade ist's, die selig macht." Da stimmte sie gern ein. Die Gnade ist eine Großmacht. In diesem nun abgeschlossenen Menschenleben hat sich diese Macht zur inneren Erneuerung erweisen können. Sehr gern hörte sie das Lied: „Ist's auch eine Freude, Mensch geboren sein?" Darin heißt es: „Hast mir viel vergeben, mir, dem schnöden Kind, neue Gnad gegeben mir, der schlecht gedient." Das bezog sie gerne auf sich und wiederholte: „schlecht gedient".

So ist sie am 6. Juni 1927 heimgegangen und ist nun beim Herrn, der ihr gnädig durchgeholfen hat. Er wird zu ihr sagen: „treu gedient!"

Für mich war die Erkenntnis, dass ich mein Mariele nicht mehr lange haben sollte, recht schwer. Ich habe ja am meisten an ihr gehabt. Am 29. Mai stand die Losung in 1. Mose 22,3, wie Abraham sich aufmachte, um seinen Sohn Isaak zu opfern. Durch dieses Wort zeigte mir der Herr den Weg. Einundzwanzig Jahre lang hat Er mir eine köstliche Gabe anvertraut. Nun forderte sie der eigentliche Besitzer wieder zurück. So habe ich sie Ihm denn wie einst Abraham auf den Altar gelegt in der Gewissheit, sie einst verklärt wieder zu erhalten. Um ihretwillen freue ich mich, dass sie nun allem Leiden enthoben ist. Für den empfangenen Segen an diesem Kranken- und Sterbebett bin ich sehr dankbar.

Es wollte mir im Blick auf die Arbeit schwer werden. Da hat mir der Herr durch Psalm 46,5 und 6 Licht und Trost gegeben: „Dennoch soll die Stadt Gottes fein lustig bleiben mit ihren Brünnlein, da die heiligen Wohnungen des Höchsten sind. Gott ist bei ihr drinnen, darum wird sie fest bleiben; Gott hilft ihr früh am Morgen." Es ist ja Sein Werk, und Er wird dafür weiter sorgen.

Folgende Gedanken haben sich mir tief eingeprägt:

1. Wenn man im Herrn sterben will, so muss man vorher in Ihm gelebt haben. Wer in den Himmel kommen will, muss vorher im Himmel gelebt haben.
2. Ist ein verborgenes Leben mit Christus in Gott vorhanden, so wird es in Herrlichkeit auch im Sterben offenbar werden. Man kann die Gnade nicht wie einen Rock schnell anziehen, sondern sie muss im Leben ihre erneuernde Macht auswirken können. Man muss von der Erde vorher gelöst sein.
3. Wenn Gott bei einem solchen Menschen, der Ihm so völlig

hingegeben war, den Leidenstiegel noch so heiß machen musste, um ihn von den letzten Schlacken zu reinigen, wie viel mehr habe ich es nötig, durch Leiden zur Herrlichkeit zu kommen. Und nur auf diesem Weg kommt man dahin (2. Korinther 4,7–18).

So wollen wir denn das Ende der lieben Heimgegangenen anschauen und ihrem Glauben nachfolgen. Sie hat bis zuletzt den Herrn verherrlicht. Er helfe uns, es auch zu tun. – Ich aber schaue zum Vater auf und bete: „Dein Name werde geheiligt! Dein Reich komme! Dein Wille geschehe! Amen."

Jakob Parnes

Bericht von Karl Klaus in Bischoffingen

Jakob Parnes im Dienst am Kaiserstuhl

Durch den Bericht von Jakob Parnes über seinen Weg zu Christus und über den Heimgang seiner Frau haben wir ihn schon nach seiner innersten Seite kennengelernt. Wie es zu seiner Berufung in unseren Gemeinschaftsverband kam, hat Karl Klaus in Bischoffingen am Kaiserstuhl berichtet:

Die Monate nach Ende des Ersten Weltkriegs waren eine Erweckungszeit unter Alt und Jung in unseren Gemeinschaften. Die einzelnen Kreise fingen an zu wachsen. Doch dann brach eine schwere Zeit über die Kreise am Kaiserstuhl und im Breisgau herein. Fast an jedem Ort gab es eine Trennung. Es entstand eine zweite Gemeinschaft. Nur die große Gemeinschaft in Bötzingen hat sich nicht gespalten. Dieser Gemeinschaft stand damals Bruder Karl Friedrich Höfflin vor, ein gewachsenes Original, ein weiser Vater in Christus.

Am Anfang des Jahres 1920 saßen wir nach einer gesegneten Bibelstunde mit Bruder Höfflin um den Tisch. Es wurde sehr ernst über die Zerreißung unserer Gemeinschaften gesprochen. Damals hörte ich zum ersten Mal den Namen Parnes. Bruder Höfflin sagte: „Es wird bei uns viel zu viel mit fleischlichen Waffen gekämpft. Wir brauchen einen Prediger im Bezirk Kaiserstuhl, der mit dem Wort und mit geistlichen Waffen kämpft. Nach meinem Dafürhalten ist Bruder Parnes der rechte Mann für uns. Er ist mit geistlicher Weisheit und viel göttlicher Klugheit ausgerüstet. Ich will mich an die Leitung unseres Werkes wenden mit der Bitte, dass Bruder Parnes an den Kaiserstuhl berufen wird."

Dieses Brudergespräch hatte gesegnete Folgen. Der Notruf der Brüder wurde in Karlsruhe von der Leitung des Vereins gehört. Bruder Parnes und seine Frau erhielten im Herbst 1920 den Ruf, als Prediger in den Bezirk Kaiserstuhl zu kommen. Der Herr hatte den Weg der beiden schon längst geebnet. Das Haus in Tiengen war von Frau Parnes gebaut worden. Für sie ging der Weg nun wieder zurück in die Heimat. Auf Bruder Parnes wartete ein Gemeinschaftsbezirk in großer Not durch viele Spaltungen, aber auch sein geliebter und vertrauter Bruder Höfflin und manche andere ihm bekannte Brüder.

Das Vereinshaus in Tiengen

Der Umzug nach Tiengen erfolgte im März 1921. Noch lebhaft erinnere ich mich daran, wie dann im April dieses Jahres Bruder Parnes mit seiner Frau zum ersten Mal durch den Bezirk kam. Das typisch jüdische Aussehen des neuen Bruders hat zunächst etwas schockiert. Auch war er kein mitreißender Redner, sondern sprach sehr ruhig. Das war gerade für uns Jüngere nicht ganz ohne Problem. Doch was er sagte, war die volle biblische Wahrheit. Das hörten auch wir Jungen schnell heraus.

Seine große Gabe lag vor allem in der Auslegung des prophetischen Wortes. Das sprach besonders uns Jüngere stark an. Während vorher manche Brüder über die Spalter der Gemeinschaften und über die von uns Abgefallenen geschimpft hatten, hat man bei Bruder Parnes davon gar nichts gehört. Von ihm und von seiner Frau ging eine stille, Jung und Alt überwindende Kraft und Ausstrahlung aus. Weil die Ehe kinderlos geblieben war, konnte Frau Parnes ihren Mann viel auf dem Fahrrad begleiten. Durch ihre Liebe wurde besonders die weibliche Jugend angezogen.

Sein Dienst in Bischoffingen

Schon im ersten Winter (1921/1922) hat Bruder Parnes in Bischoffingen eine Bibelwoche über die Offenbarung gehalten. Das prophetische Wort war in jenen Zeiten in unseren Kreisen noch Mangelware. In unserer Bischoffinger Gemeinschaft kamen wir in einer großen Bauernstube zusammen. Schon am zweiten Tag der Bibelwoche war die Stube restlos überfüllt, am Tag darauf auch das Schlafzimmer und am Ende der Woche Flur und Speichertreppe sowie ein Stück des Hofes. Wir hatten in dieser Woche eine kleine Erweckung, wie wir sie noch nie erlebt hatten. Dabei wurde gar nicht eigentlich evangelisiert, sondern nur das prophetische Wort ausgelegt.

Auch in den anderen Orten des Kaiserstuhler Bezirks geschah in jener Zeit das Wunder der Erweckung. Niemand dachte mehr an eine Trennung vom A. B.-Verein. Auch Bruder Höfflin in Bötzingen erlebte jetzt die Freude, dass seine große und vorher so gefährdete Gemeinschaft beieinanderblieb. Was durften in jener Zeit, in der der Durcheinanderwerfer durch die Reihen der Kinder Gottes ging, diese beiden von Gott legitimierten Brüder Parnes und Höfflin doch ausrichten!

Ein starker Zug im Leben von Bruder Parnes war sein auf den Herrn vertrauender Glaube. Was hat er doch alles gewagt! Als in jener Bibelwoche bei uns in Bischoffingen die Gemeinschaft so stark zugenommen hatte, rechnete er fest damit, dass die Neugewonnenen bleiben werden. Nach der letzten Stunde am Sonntagabend ließ er alle vom alten Stamm zu einer Besprechung zurückbleiben. Er überraschte sie mit der kurzen Erklärung: „Wir bauen ein Vereinshaus." Da wurde es so still, dass man eine Stecknadel hätte fallen hören. Schließlich fragte Bruder Rieflin: „Mit was sollen wir das Haus bauen?" Bruder Parnes antwortete: „Mit Gottes Hilfe!" Frage von Bruder Rieflin: „Wohin sollen wir das Haus bauen?" Die Antwort einer Witwe aus der Gemeinschaft: „Mein Mann sagte mir in seinem letzten Urlaub: ‚Wenn unsere Gemeinschaft einmal ein Vereinshaus braucht, so soll es auf meinem Hausgarten erstellt werden.' Der Bauplatz kostet natürlich nichts." (Diese Witwe war die Mutter von Karl Klaus).

Einige Tage später wurden schon die Pläne zum neuen Haus erarbeitet. Wir hatten nicht einen Pfennig Geld, und zudem standen wir schon mitten in der Inflation. Eine Hilfe durch die Hauptkasse in Karlsruhe war nicht zu erwarten. Nun schrieb Bruder Parnes Briefe bis nach Amerika, auch an Bekannte in seinen früheren Arbeitsfeldern in Hamburg und in Mecklenburg. Ein Onkel aus Amerika schickte tausend Dollar. Man bedenke, was dieses wertbeständige Geld damals bedeutet hat! Als Bruder Parnes einmal darauf angesprochen wurde, ob er sich nicht schäme, so zu betteln, gab er zur Antwort: „Ich bettle doch für meinen Heiland!"

Am 1. November 1923 ging die Inflation zu Ende. Eine Billion Papiermark war gerade noch eine Rentenmark wert. Damals kam Bruder Parnes zu meiner Mutter mit einer alten goldenen Damenuhr. Er sagte ihr kurz und bündig, sie solle ihm 40 Rentenmark geben, dann gehöre ihr diese Uhr. Für das Vereinshaus war gerade noch ein Rest von 40 Mark zu bezahlen. Meine Mutter gab Bruder Parnes zur Antwort: „Ich habe gerade noch 40 Mark im Haus, und die brauche ich für den Notfall.“ Darauf Bruder Parnes: „Dieser Notfall ist jetzt.“ Da gab ihm die Mutter das Geld fürs Vereinshaus mit.

Bruder Parnes konnte so handeln, weil er den kannte, der die Witwen und Waisen versorgt. Meine Einstellung zu ihm war in den folgenden Tagen, in denen wir ohne einen Pfennig leben mussten, nicht gerade sehr freundlich. Eines Sonntagabends klopfte es an unserer Tür. Herein kam ein Handwerker. Er verlangte für eine schon begonnene Arbeit sofort eine Abschlagszahlung von 40 Mark. Wir mussten ihm sagen, dass wir augenblicklich kein Geld hätten. Er aber bestand darauf, dass er das Geld unbedingt brauche, sonst lege er die begonnene Arbeit nieder. Meine Mutter sagte zu ihm, er solle morgen Mittag wiederkommen, vielleicht lasse sich dann etwas machen.

Unser nachheriges Gebet erstickte in Tränen. Nach einer unruhigen Nacht, in der mich Zweifel geplagt hatten, hatte ich den Eindruck, dass die Mutter über der Sache still geworden war. Um die Mittagszeit klopfte es leise an unsere Tür. Herein trat nicht unser Handwerker, sondern ein Bruder unserer Gemeinschaft. Recht verlegen kam er auf die Mutter zu und übergab ihr einen verschlossenen Briefumschlag. Er erzählte, dass er gestern Abend mit einem anderen Bruder zusammen gewesen sei und dass sie da den Eindruck bekommen hätten, in unserem Haus müsse Not sein. Im Briefumschlag befanden sich genau 40 Rentenmark.

So konnte unser Haus im November 1923 schuldenfrei dem Herrn übergeben und eingeweiht werden. Im Januar 1924 wurde im neuen Saal eine Evangelisation gehalten. Wieder gab es eine kleine Erweckung, sodass der Saal voll besetzt wurde. So bestätigte der Herr den Glauben unserer Geschwister Parnes in schwerster Zeit.

Das Vereinshaus in Wolfenweiler

Schon ein Jahr später begann Bruder Parnes mit einem noch größeren Neubau in Wolfenweiler bei Freiburg. Es ging um einen Gemeinschaftssaal mit Kinderschule und zwei Wohnungen für Schwestern. Auch dort wurde es ihm wieder geschenkt, es hinauszuführen.

Nachdem das Vereinshaus in Wolfenweiler fertig war und die Arbeit darin begonnen hatte, schrieb Bruder Parnes zusammen mit Bruder Ludwig Hanser folgenden Brief:

Oben links eine schöne Aufnahme des Hauses, daneben rechts:

„Einer trage des andern Last, so werdet ihr das Gesetz Christi erfüllen" (Galater 6,2).

Bitte diesen Bericht freundlichst lesen zu wollen!

Liebe Freunde!
Zuerst möchten wir Ihnen mitteilen, dass sich die Arbeit im Vereinshaus in Wolfenweiler bisher unter dem Segen Gottes gut entwickelt hat. Im Mittelpunkt der ganzen Arbeit steht das Evangelium, das in den Versammlungen und Bibelstunden den Seelen verkündigt wird. Eine sehr liebe Kinderschwester dient mit ganzer Hingabe den kleinen Kindern und den Jungfrauen. In den Wintermonaten hatten wir einen Nähkurs. Eine tüchtige Industrieschwester unterrichtete vierzig junge Mädchen im Nähen und in anderen Handarbeiten. Diese Sache hat sich auch recht bewährt, sodass dieser Kurs jeden Winter wiederholt werden soll. Jetzt bauen wir eine Wohnung für eine Krankenschwester aus, um eine Krankenstation zu errichten, sobald es die Verhältnisse gestatten. Alle diese Liebeswerke sollen nur dem einen Zweck dienen, den Seelen einen praktischen Beweis von der Liebe Gottes zu zeigen, die uns bei der Arbeit dringt (2. Korinther 5,14). Wir handeln damit nach dem Vorbild Jesu, der anfing, zu tun und zu lehren (Apostelgeschichte 1,1). Der Oberländer ist ein praktisch gerichteter Mensch, dem man deshalb auch die Liebe Gottes

durch die Tat der Liebe vor Augen stellen muss. Der Herr hat sich bisher in Gnaden zu uns bekannt, sodass unsere Herzen voll Lob und Dank sind.

Unser Augenmerk ist nun auch darauf gerichtet, das Schuldenberglein, das noch auf dem Hause lastet, nach und nach abzutragen. Auch hierin haben wir die Hilfe Gottes bisher wunderbar erfahren. Um aber mit dem Berglein ganz fertig zu werden, brauchen wir noch die Hilfe unserer Freunde. Wir erlauben uns deshalb, an Sie noch einmal heranzutreten und Sie herzlich zu bitten, uns noch einmal eine Liebesgabe zur Tilgung der Schulden zu spenden. Auch für die kleinste Gabe sind wir von Herzen dankbar.

Werden Sie bitte nicht müde und nehmen Sie uns unsere Zudringlichkeit nicht übel. Wir danken Ihnen für Ihre bisherige treue Hilfe sehr herzlich und sind gewiss, dass Sie auch jetzt uns nicht im Stich lassen, sondern uns nach Möglichkeit helfen werden. Wir wollen weiter täglich für alle unsere Freunde beten, und wir bitten auch Sie, der Arbeit in Schallstadt-Wolfenweiler fürbittend zu gedenken.

Ihre in Jesu Dienst und Liebe verbundenen

Ludwig Hanser, Gemeinschaftsleiter
Schallstadt bei Freiburg (Baden)

J. Parnes, Reiseprediger
Tiengen bei Freiburg (Baden)

Ein Herz für die Jugend und für die Brüder

Bruder Parnes hatte ein Herz für die Jugend. So hat er im Sommer 1925 die ganze Jugend vom Kaiserstuhl und vom Emmendinger Bezirk zu einer Fahrt nach St. Chrischona eingeladen. Wir sammelten uns in Freiburg. Von dort lief ein Sonderzug nach Lörrach mit 1100 jungen Menschen. Was waren das doch für herrliche Zeiten! Die übergroße Not der Zwanzigerjahre hat gewiss mitgeholfen, damals so viele junge Menschen unter das Wort und zum Heiland zu bringen. Bruder Ludwig Bertsch von Weil hat in der großen Halle auf St. Chrischona die jungen

Leute mit folgenden Worten in seinem Dialekt begrüßt: „I ha ghört, do unde im Saal sitze 1100 jungi Lüd üs ünsere Gmeinschafte im Oberland. Sün des au 1100 Bekehrdi?“ Solche gewachsenen Originale waren uns damals geschenkt!

Bruder Parnes hat auch an den Nachwuchs unserer Stundenhalter gedacht. Dreimal fanden in jenen Jahren im Tiengener Vereinshaus Brüderkurse für junge Männer statt. Bei diesen Kursen halfen dann immer die beiden mit ihm herzlich verbundenen Brüder Höfflin von Bötzingen und Eckardt von Freiburg mit. Eine gute Menschenkenntnis und die Gabe der Geisterunterscheidung halfen ihm, die rechten jungen Brüder zum Dienst am Wort auszuwählen.

Der Heimgang seiner Frau

Im Jahr 1927 hat dann der Herr sehr tief in das Leben unseres Bruders eingegriffen. Sein Mariele, die sein größter irdischer Besitz war, wurde schwer krank. Was war das für ein Entsetzen im ganzen Bezirk und weit darüber hinaus, als klar wurde, dass es ihre letzte Krankheit sein werde! Da wurden uns die beiden von einer anderen Seite her ein großes Vorbild. Ungebrochen hielt uns Bruder Parnes seine Stunden. Wir hatten dabei den Eindruck: mit noch mehr Geisteskraft als zuvor. Wer die liebe Frau Parnes auf ihrem letzten Schmerzenslager noch besuchte, dem brach fast das Herz. Da lag dieses schöne Menschenkind vollkommen zerfallen. Aus ihrem schmerzgezeichneten Gesicht strahlten aber zwei Augen, die man nie vergessen kann. Man soll es nicht leicht sagen, aber hier sage ich es getrost: „Sie war eine reife Garbe für ihren Herrn.“

Die Vereinsleitung hat zuletzt, als Frau Parnes pflegebedürftig wurde, die im Oberland eingesetzte Missionsschwester Elise Heil für diese letzte schwere Pflege freigegeben. Frau Maria Parnes war mit Schwester Elise Heil eng befreundet. Sie bat darum, dass sie nach ihrem Heimgang bei ihrem Jakob bleiben und dann seine Frau werden möchte. Schwester Elise

Elise und Jakob Parnes

besprach sich nicht mit Fleisch und Blut. Sie wurde eine würdige Nachfolgerin von Maria Parnes. Ob sie wohl wusste, zu was für einem schweren Weg sie Ja gesagt hatte?

Im Dritten Reich

Wer in jenen Jahren im prophetischen Wort gegründet war, sah schon früh das Wetterleuchten am Horizont. Gerade auf diesem Gebiet hatte ich meinem Bruder Parnes viel zu verdanken. Vom Wort her erkannte er schon vor 1930 das auf uns zukommende Unheil. In jener Zeit schieden sich die Geister, nicht nur in der Welt, sondern auch unter den Gläubigen. Bald setzte auch der Judenhass sehr stark ein. Wie oft musste man sich damals von Weltmenschen sagen lassen, es sei einfach eine Schande, dass wir uns in der Gemeinschaft immer noch mit einem Juden abgeben! Leider sagte gelegentlich auch der eine oder andere Bruder hinter vorgehaltener Hand, der Verein sollte den Parnes aus seinem Dienst entlassen, denn er bilde jetzt eine große Gefahr für das ganze Werk.

In den Häusern der Gemeinschaftsleute wurde damals nicht nur der „Reich-Gottes-Bote“ gelesen, sondern auch das Blatt „Heilig dem Herrn“. Was Pastor Modersohn darin schrieb, war recht gut. Doch der darin enthaltene „Zeitspiegel“, von einem anderen bearbeitet, war reines Gift. Da wurde Mussolini als Bezwinger des Papsttums und Hitler als Bezwinger des Marxismus verherrlicht. Oft wurde mir von Brüdern dieser „Zeitspiegel“ vor die Nase gehalten mit der Frage, ob ich es wohl besser wisse.

In der Zeit nach 1933 kam es so weit, dass mir ein Gemeinschaftsleiter verbot, etwas gegen Hitler zu sagen, selbst wenn es vom Wort her unumgänglich war. In jener Zeit der großen Verführung sind ganze Gemeinschaften aus anderen Verbänden zu den sogenannten Deutschen Christen hinübergewechselt.

Auch in der Stellung zu unserem Bruder Parnes teilten sich die Geister unter den Brüdern schon sehr früh. Dank seiner großen Menschenkenntnis merkte er bald, dass sich einzelne Brüder von ihm distanzierten. Das war für den treuen und zu jedem Opfer bereiten Bruder mit vom Schwersten, dass er etwas von dem erleben musste: „in Gefahr unter falschen Brüdern“ (2. Korinther 11,26).

Im Jahr 1935 waren wir außerhalb unseres Bezirks bei einer Brüderkonferenz beieinander. Bruder Parnes war nicht anwesend. Deshalb fühlte sich ein Bruder sicher und stellte nach der Stunde die Frage: „Ist Bruder Parnes für den Verein und besonders fürs Oberland noch tragbar?“ Bruder Höfflin von Bötzingen erinnerte daran, was der Verein und besonders das badische Oberland in den vergangenen vierzehn Jahren Bruder Parnes zu verdanken habe. Darauf hieß es, es gehe jetzt nicht um Bruder Parnes, sondern um Sein oder Nichtsein unseres Werkes. Wir dürften doch nicht warten, bis die Regierung eingreife, sondern wir sollten jetzt selbst handeln, damit wir beim Staat nicht in ein schlechtes Licht kommen.

Ein junger Bruder (es war Karl Klaus von Bischoffingen) hörte zunächst verwundert zu. Aber dann erhob er seine Stimme für alle sehr vernehmlich. Er erinnerte nicht nur an die treuen Dienste und Opfer, die Bruder Parnes für die Sache des Herrn gebracht hatte. Er meinte auch, dass es hier einigen nicht so sehr um die Sache des Herrn, sondern vielmehr um ihren eigenen Kopf und Kragen gehe. Bruder Höfflin unterstützte, wenn auch etwas ruhiger und sachlicher, den jungen Bruder und stellte sich voll hinter ihn. Das gab dann den Ausschlag. Man gab zu, man wolle auf den Beschluss des Verwaltungsrats oder auf den Staat mit seinem Verbot warten. So entging damals Bruder Parnes dem furchtbaren Plan, von seinen eigenen Brüdern nur deshalb abgesetzt zu werden, weil er ein Jude war.

Der Hass gegen die Juden steigerte sich von Tag zu Tag. Die reichlich ausgesäte Saat ging auf und brachte Früchte. Die besitzenden Juden gingen in die Emigration. Unser Bruder Parnes tat weiterhin in aller Ruhe seinen ihm aufgetragenen Dienst in unseren Gemeinschaften. In den Stunden musste er jetzt sehr vorsichtig formulieren, vor allem, wenn er über das prophetische Wort sprach. Das hat er in der ihm eigenen Weisheit getan.

Wunderbar bewahrt

Immer wieder hörten wir, wie von Parteileuten schwere Drohungen gegen ihn ausgestoßen wurden. Sie gipfelten nicht selten darin, dass man den Juden totschlagen werde. Wer hätte in jener Zeit nach einem toten Juden gefragt?

Bruder Parnes hat damals ein Kleinkraftrad gefahren. Eines Tages wurde uns zugetragen, der politische Leiter des Dorfes habe sich mit einigen Jugendlichen abgesprochen: Wenn der Jude das nächste Mal durchs Dorf fährt, wollen wir ihn vom Fahrzeug ziehen und ihm einen handschriftlichen Denkzettel verabreichen. Solche „Denkzettel" gingen meist sehr schlimm aus. Bruder Parnes wurde von uns gewarnt und gebeten, nicht mehr mit dem kleinen Motorrad zu fahren. Wir wollten ihn auf seinen Wegen durchs Dorf begleiten und schützen. Er aber sagte uns ganz fröhlich: „Ich bin ein Eigentum des Herrn; der kann mich wohl bewahren."

Kurze Zeit später fuhr er wieder durch unser Dorf. Infolge seiner starken Kurzsichtigkeit geriet er in eine gefährliche Kopfsteinpflasterrinne und stürzte. Das Fahrzeug überschlug sich. Unser Bruder lag ausgerechnet vor dem Haus seines größten Feindes, des politischen Leiters. Er hatte eine tiefe Kopfwunde und war durch eine Gehirnerschütterung tief bewusstlos. Da lag er nun hilflos in seinem Blut. Der Unfall wurde bald bemerkt. Leute aus den umliegenden Häusern kamen und trugen den Verunglückten in das Haus seines erbittertsten Feindes. Man verband ihm seine Kopfwunde und suchte mit allen Mitteln, ihn wieder zum Bewusstsein zu bringen, was dann auch bald gelang. Er wurde gefragt, wo man ihn hinbringen solle, und er sagte frank und frei den Namen unseres Gemeinschaftsleiters. Jetzt hätte man ihn doch endlich erkennen müssen, zumal er ein unverkennbares Judengesicht hatte. Man erkannte ihn nicht, sondern drei Mann brachten unseren Bruder wohlbehütet in unser Haus.

Wir erschraken bei seinem Anblick nicht wenig und meinten natürlich, er sei geschlagen worden. Aber strahlend erzählte er uns, wie es ihm ergangen war. Er wusste gar nicht, dass er vor dem Haus seines größten Feindes gelegen hatte. Wir aber waren entsetzt und fragten: „Wie ist so etwas möglich?“ Darauf Bruder Parnes: „Bei Gott sind alle Dinge möglich. Ihre Augen wurden gehalten“ (Lukas 24,10).

Bald wurde allen Juden das Fahren mit Kraftfahrzeugen verboten. Wir waren recht froh darum, denn von diesem Zeitpunkt an konnten wir unseren Bruder auf seinen gefahrvollen Wegen begleiten. Wieder führte sein Dienst unseren Prediger an den westlichen Kaiserstuhl. Am Sonntagnachmittag kam er mit der Eisenbahn in Königschaffhausen an. Am Bahnhof wurde er von mir in Empfang genommen und ins Stundenhaus begleitet. Am Abend ging er zu Fuß nach Leiselheim, wo er zum zweiten Dienst erwartet wurde. In später Nachtstunde lag dann noch der Weg nach Bischoffingen vor uns, wo er übernachten sollte.

Wir hatten bestimmte Kunde, dass einige junge Leute sich vorgenommen hatten, auf dem nächtlichen Weg nach Bischoffingen dem Juden aufzulauern, um ihn zu schlagen. Ich war vorsichtig und bestellte drei junge Männer von unserer Gemeinschaft nach Leiselheim, um diesen nicht ganz ungefährlichen Nachtmarsch abzusichern. Am Leiselheimer Dorfausgang sagten wir Bruder Parnes von der Gefahr, in der er stand, und baten ihn darum, mit uns einen anderen, allerdings viel weiteren Weg zu gehen. Wir wollten damit die Leute überlisten. Aber Bruder Parnes ließ sich auf diesen gutgemeinten Rat nicht ein.

Fröhlich ging er auf dem gefährlichen Weg weiter. Zunächst ging es durch eine finstere Lössschlucht, wie wir sie am Kaiserstuhl oft haben. Dann führte ein offener, steiler Weg in den Wald. Bruder Parnes ging ganz unbefangen zwischen uns und erzählte in voller Lautstärke. Er war damals schon schwerhörig und nahm nichts von dem wahr, was wir schon längst hörten. Parallel zu unserem Weg zog sich ein großes Maisfeld. Von dort hörten wir leise Zurufe und konnten im Halbdunkel des Feldes einige Gestalten erkennen, die sich in derselben Richtung wie wir fortbewegten. Die Nacht war nicht sehr dunkel, sodass wir am oberen Ende des Maisfeldes die Banditen in den nahen Wald springen sahen. Wie wir feststellen konnten, waren ihrer viel mehr als wir.

Nicht gerade als die Allermutigsten gingen wir in den nächtlichen Wald. Nur unser Bruder Parnes war die Ruhe selbst, als ob es gar keine Gefahr gäbe. Im Wald blieb alles ruhig, bis wir den sicheren Dorfeingang von Bischoffingen erreichten. Wer hat wohl in dieser Nacht jene bösen Menschen zurückgehalten?

Für Bruder Parnes galt das Wort: „Er hat Gott vertraut!“, für uns das andere: „O ihr Kleingläubigen, warum seid ihr so furchtsam?“

Nach der Reichskristallnacht

Am 9. November 1938 kam die sogenannte Reichskristallnacht. Am kommenden Morgen wurde es groß in die Welt hineingeschrien, was sich unser sogenannter Rechtsstaat geleistet hatte. Sehr viele jüdische Gotteshäuser waren in Flammen aufgegangen, viele jüdische Friedhöfe geschändet worden. Die Juden holte man aus den Betten, und der Pöbel durfte sein Mütchen an ihnen kühlen. Wie viele da ihr Leben lassen mussten, weiß nur Gott allein. Selbst Kinder und Greise hat man nicht verschont. In unserer Gegend wurde eine 106-jährige Frau, die zwölf Kinder großgezogen hatte, so sehr misshandelt, dass sie am andern Tag an den Folgen sterben musste.

Unserem Bruder Parnes und seiner Frau Elise wurde in jener Nacht kein Haar gekrümmt. Man muss wissen, dass bei jüdischen Mischehen immer beide als Juden behandelt wurden. Ja, eine Frau, die einen Juden geheiratet hatte, konnte wegen Rassenschande verfolgt werden.

Von Ende 1938 bis 1945 lebten die Geschwister Parnes wie in einer Todeszelle. Jede Minute konnten sie zur Vergasung abgeholt werden. Bruder Parnes musste den Judenstern tragen. Seiner Frau war jegliche Ausübung ihres Dienstes in der Gemeinschaft untersagt. Für beide, denen die Verkündigung des Wortes ein Lebensbedürfnis war, war das eines ihrer schwersten Leiden.

Für uns alle wurde jetzt das Betreten des Vereinshauses in Tiengen, in dessen oberem Stock Familie Parnes wohnte, gefährlich. Genau gegenüber dem Eingang von Familie Parnes war die Treppe zur Eingangstür des Ortsgruppenleiters. Aus seiner Wohnung konnte er alles beobachten, was im Haus Parnes vorging.

Die Gemeinschaftsstunde wurde nie verboten. Bruder Parnes hat sich freiwillig von der Stunde ferngehalten, um die Geschwister nicht zu gefährden und um für sie zu beten, wie er oft sagte. Einige von uns ließen es sich nicht nehmen, ihn nach der Stunde zu besuchen. Wie leuchtete dann die Freude aus seinen Augen über diesen Bruderdienst! Doch hat der Treue nie versäumt, uns mit allem Ernst zu warnen, weil wir durch den Besuch bei ihm uns und unsere Familien gefährdeten. Immer dachte er zuerst an die andern.

So wurde das Leben unserer Geschwister Parnes immer einsamer. Eines Tages wurde ihnen der Befehl von der Partei amtlich zugestellt, dass sie ihren Wellensittich unverzüglich auf dem Rathaus abzugeben hätten. Der Grund dafür: ein Jude habe kein Recht, sich über etwas zu freuen. Am Morgen jenes Tages stand im Losungsbüchlein: „Jedermann sei untertan der Obrigkeit, die Gewalt über ihn hat." Auch in diesem Fall fanden die Geschwister ein Ja. Frau Parnes trug das liebe Tierlein sofort samt dem Käfig aufs Rathaus, wo man gezwungen war, es anzunehmen. Was hätte doch gerade dieses unschuldige Vögelein in den folgenden langen, einsamen Jahren für den lieben Bruder bedeutet! Wie tief war doch in jenen Jahren des Dritten Reiches der Judenhass in den Herzen vieler deutscher Menschen!

Wie wir gesehen haben, hat Bruder Parnes in den Jahren seines Dienstes keine Gefahr geachtet und ist furchtlos seinen Weg gegangen. Nachdem er aber unter Berufsverbot stand, hat er alles unterlassen, was die Gemeinschaft, seine Brüder oder auch seine Frau irgendwie gefährdet hätte. Wenn er ab und zu für eine Stunde in den Hausgarten ging, tat er das immer sehr früh, solange noch alle Dorfbewohner schliefen. In den über sechs Jahren seiner Zurückgezogenheit hat er nie ein anderes Haus in Tiengen betreten, auch nicht das eines Bruders. Bei ihm erfüllte sich das Wort des Apostels Paulus: „Ein jeder sehe nicht auf das Seine, sondern auch auf das, was des andern ist.“

Der Gemeindeverwaltung in Tiengen und der Einwohnerschaft kann man bescheinigen, dass sie dem Haus Parnes nichts in den Weg gelegt haben. Man dachte wohl zurück an Frau Maria Parnes, ihre Liebestätigkeit und ihre Opfer für die Gemeinde Tiengen. Doch das alles hätte Bruder Parnes nicht vor dem Schlimmsten bewahren können, hätte der Herr nicht Seine starke Hand über ihn und seine Frau gehalten.

Seine Frau Elise war ihm in jenen einsamen Jahren ein großer Segen. Beide waren zum Dienst am Wort ausgebildet. In den Jahren der Zurückgezogenheit haben sie sich viel mit dem Wort beschäftigt. Nach Kriegsende hat man gespürt, dass die beiden noch tiefer ins Wort hineingewachsen waren. Wie viel schwerer wäre ihnen diese lange einsame Zeit geworden ohne Gottes Wort und Gebetsgemeinschaft!

So weit der Bericht von Karl Klaus, dem Bruder Parnes ein geistlicher Vater gewesen ist. In dem, was jetzt folgt, hören wir Weiteres darüber, wie Gott Jakob Parnes in den Jahren 1921–1954 geführt hat.

In Tiengen 1921–1930

Für die Geschwister in Tiengen bei Freiburg war es eine große Freude, dass am 1. April 1921 Frau Maria Parnes, geborene Schumacher, mit ihrem Mann wieder in ihre Heimat zurückkehrte. Aus dem Bericht von Karl Klaus wissen wir, wie nötig die Gemeinschaften am Kaiserstuhl den Dienst von Jakob Parnes gebraucht haben. Aus jenen Jahren sind Briefe von Bruder Parnes an Hausvater Strasser, den Vorstand des Vereins, erhalten geblieben. Auch schrieb er immer wieder an Finanzamtmann Friedrich Dittes, der Vorstandsbeirat war und der bis 1933 in Emmendingen wohnte, bevor er nach Kenzingen versetzt wurde. Außerdem finden sich im alten Protokollbuch des Gemeinschaftsverbandes, das die Jahre 1916 bis 1942 umfasst, einige Angaben über den Dienst von Bruder Parnes. Auf der ersten Seite des Protokollbuchs stehen nur mit großer Zierschrift die beiden Worte: „Mit Gott".

Zum ersten Mal wird der Name Parnes in der Verwaltungsratssitzung am 9. März 1921 erwähnt: „Bruder Parnes, der jetzt in Mecklenburg arbeitet, ist auf 1. April nach Tiengen berufen, um die Orte am Kaiserstuhl zu bedienen." Am 8. Dezember 1921 heißt es: „Inspektor Krämer teilt mit, dass die Eheleute Parnes das der Frau Parnes gehörige Vereinshaus in Tiengen bei Freiburg dem Verein unter der Bedingung geschenkt hätten, dass ihnen das lebenslängliche unentgeltliche Wohnungsrecht darin gewährt werde. Der Verwaltungsrat nimmt namens des Vereins diese Schenkung mit der gestellten Bedingung mit herzlichem Dank an."

1927: Briefe an den Vorstand, Hausvater Strasser im Hardthaus

Am 3. Juni 1927, drei Tage vor dem Heimgang seiner Frau Maria, schrieb Bruder Parnes an Hausvater Strasser:

„Heute erklärte der Arzt, dass sie noch zwei bis drei Tage leben kann. Das Krankenlager meiner lieben Frau ist aber eine Segensstätte geworden. Voll inneren Friedens und gewisser Zuversicht der ewigen Herrlichkeit liegt sie geduldig da, dankbar für die kleinste Erquickung, und sehnt sich, heimgehen zu dürfen. Ihr Angesicht strahlt und ist ein lebendiger Beweis, dass Hebräer 11,1 Wahrheit ist. Im Krankenzimmer weht Himmelsluft. Im Himmel hat die Kranke gelebt, nun ist sie auch bereit für den Himmel.

Für mich waren ja die Tage zuerst recht schwer, als es galt, die Erkenntnis zu verarbeiten, dass ich meine liebe Frau nicht mehr lange haben darf. Andererseits waren diese Tage herrlich, sodass ich sie nun nicht mehr missen möchte. Nun bitte ich um Fürbitte für die letzten Tage und Stunden, dass der teure Name Jesu bis zuletzt hoch gepriesen werde und dass mir dann der Herr die Gnade schenke, welche ich in der kommenden Zeit besonders brauchen werde.“

Die Predigerbrüder wussten um die besondere Gabe, die Bruder Parnes zur Verkündigung des Wortes gegeben war. Deshalb luden sie ihn immer wieder ein, in ihren Bezirken eine Woche zu dienen. Als er vom 13. bis 20. November 1927 zu einer Bibelwoche in Weingarten war, schrieb er an Hausvater Strasser:

„Ich befinde mich in einer inneren Not. Es kommen immer wieder Rufe an mich, Bibelwochen und Evangelisationen zu halten. Es ist nun die Gefahr da, dass ich den Bezirk zu sehr vernachlässigen würde, wenn ich nach auswärts gehe. Dazu mehren sich die Rufe. Ich habe Bruder Spengler in Kandern abschreiben müssen, und heute kam beiliegende Anfrage von Bruder Kirschenlohr in Weinheim. Es ist mir ein ernstliches Anliegen, den Willen des Herrn in dieser Sache zu erkennen. Ich möchte Sie bitten, mir dabei zu helfen.

Sie wissen ja, dass ich von Anfang an bemüht war, Stundenhalter heranzuziehen, und es sind ja, Gott sei Dank, eine ganze Anzahl Brüder da, welche Versammlungen halten. Aber die meisten sind Anfänger, dazu Landleute, die sehr viel Arbeit haben und daher wenig Zeit zum Stillesein und zum Forschen. Außer Bruder Höfflin in Bötzingen möchte man die Brüder nicht jeden Sonntag dienen lassen, damit sie keine Schwätzer werden und selbst auch Gelegenheit haben zu hören.

Meine geliebte Frau hat mir auf dem Sterbebett noch ernstlich ans Herz gelegt: ‚Verlass die Schäflein nicht!' Sie werden gewiss verstehen, dass ich mich verpflichtet fühle, in Tiengen zu bleiben und die Pflänzchen da nach Möglichkeit weiterzupflegen. Ich habe deshalb alle Rufe, in die Judenmission zu gehen, abgelehnt – erst kürzlich wieder einen Ruf, nach Wien zu kommen, wo eine schöne Arbeit getan werden könnte." – Vom 4. bis 11. Dezember 1927 hielt er eine Evangelisation in Spechbach, Bezirk Meckesheim.

Aus dem Jahresbericht 1927

Im Jahresbericht 1927 schreibt Inspektor Krämer über Frau Parnes: „Sie war eine selten feine und begabte Frau und eine überaus tapfere und treue Gehilfin ihres Mannes, unseres Reisepredigers Parnes. Solange sie gesund war, war ihr kein Weg zu weit, um ihren Schwestern unter den Frauen und Jungfrauen mit dem Wort Gottes zu dienen. Für unser Werk stellte sie eine unbezahlte, hoch geschätzte Missionsschwester dar, der wir ein bleibendes Andenken bewahren werden."

1928: Brief an Friedrich Dittes

Am 14. Mai 1928 schrieb Bruder Parnes von Langensteinbach aus an Bruder Dittes:

„Es geht mir, Gott sei Dank, gut. Hier gibt es sehr gute, gesunde Segensspeise. Dafür bin ich besonders dankbar, dass ich zu den Füßen eines solch ausgereiften Gottesmannes sitzen darf (Pfarrer Pfleiderer). Ich trinke mit vollen Zügen. Ich sehe ja allerdings, was mir noch fehlt. Aber ich will mich von ganzem Herzen danach ausstrecken, dass sich mir der Herr immer völliger mitteile und aus mir einen wirklich geistlichen Menschen machen kann. Ich wünschte, dass alle unsere Brüder und Schwestern hier wären.

Schwester Elise Heil macht am 24. Mai in Stuttgart Schluss. Es hat sie recht angestrengt. Sie geht dann zu den Eltern, um die nötigen Vorbereitungen zu treffen. So Gott will, kommt sie Anfang August nach Tiengen. Ich bin froh, denn das Heimweh hat mich manchmal sehr geplagt. Zwar wird dies wohl mein verborgener Begleiter bleiben, aber ich kann dann leichter darüber hinwegkommen, wenn eine liebende Seele wieder für mich sorgt. Das letzte Jahr ist ja das schwerste meines Lebens, aber es hat mir viel inneren Gewinn gebracht und soll mir noch mehr bringen. Es ist von Gottes Seite in allen Führungen nur Liebe enthalten."

Dann kommt Bruder Parnes auf die von ihm gehaltenen Stundenhalterkurse zu sprechen und schreibt: „Ich halte es für sehr notwendig, dass wir die Brüder, welche Versammlungen halten, durch solche stillen Tage zu fördern suchen, zumal sie so wenig Zeit haben, selber zu forschen. Sollen mit der Zeit wirkliche Gemeinschaften entstehen, so müssen Brüder da sein, die etwas bieten können. Der Herr aber segne uns selbst zuerst und das ganze Werk und schenke uns allenthalben eine innere Erneuerung."

Jakob Parnes berichtet von seiner inneren Wandlung

Wie es bei Bruder Parnes in jener Zeit zu einer inneren Wandlung kam, geht aus einem Brief hervor, den er am 21. Mai 1928 in Langensteinbach im Bibelheim an Hausvater Strasser schrieb:

„Zuerst möchte ich Ihnen sehr herzlich danken, dass Sie es mir erlaubt haben, Urlaub zu nehmen und hierher zu gehen. Der Herr hat mich hier gesegnet. Ich war schon in den letzten Monaten durch das Lesen von Michael Hahns Lehrsystem und die Arbeit des Heiligen Geistes vorbereitet. Die Andachten von Herrn Pfarrer Pfleiderer haben mir noch besonders gedient. Ich verstehe je länger, je mehr, was Herr Pfarrer Böhmerle wollte, und es tut mir sehr leid, dass ich in fleischlicher Weise gegen ihn gekämpft habe. Der Herr wird es mir in Gnaden vergeben und mir helfen, dass es auch bei mir zu einem wahrhaft geistlichen Leben komme und dass ich darinnen wachse und zunehme."

Der Anfang in Emmendingen 1930–1932

In der Mitgliederversammlung am 9. Juli 1930 in Karlsruhe wurde folgender Beschluss gefasst: „Bruder Parnes wird Ende Juli nach Emmendingen übersiedeln."

Zum Dienst von Bruder Parnes in Emmendingen bemerkt Friedrich Dittes: „Bruder Parnes passt für unsere Emmendinger Arbeit recht gut. Er ist auch gut aufgenommen worden. Wir dürfen in dieser ganzen Angelegenheit des Herrn Führung deutlich sehen, und darüber muss man nur danken."

Wenige Wochen später schreibt er: „Bruder Parnes hat unter der Einstellung mancher Brüder zu leiden. Er tut das still und nimmt es hin. Ich bin dankbar, dass er hier ist. Ich spüre ganz deutlich, dass er sich unter die Arbeit gestellt hat und trägt. Seine Arbeit tut er in richtigem Geist und Sinn."

Am 12. September 1930 schreibt Jakob Parnes an den Vorstand: „Um für mich selbst und die Winterarbeit eine innere Stärkung zu bekommen, möchte ich gern am Kurs vom 1. bis 11. Oktober in Langensteinbach teilnehmen."

Bei diesem Bibelkurs ist der heutige Schriftleiter des

„Reich-Gottes-Boten" als 8-jähriger Bruder Parnes zum ersten Mal begegnet. Es entstand eine herzliche Verbundenheit, auch mit meinem Vater, die über 24 Jahre hin bestehen blieb, bis wir Bruder Parnes am 1. Dezember 1954, dem Tag vor seinem Heimgang, noch das Abendmahl reichen konnten.

Im Jahr 1931 war es Jakob Parnes möglich, im Vereinshaus in Tiengen eine Krankenschwesternstation einzurichten. Er schrieb damals an Hausvater Strasser:

„Zuerst danke ich Ihnen für die Erlaubnis, im Hause in Tiengen eine Krankenschwester stationieren zu dürfen. Die Sache hat sich bisher gut entwickelt. Es ist bereits ein Krankenpflegeverein ins Leben gerufen. Die allermeisten Familien haben sich schon angeschlossen, sodass man ohne pekuniäres Risiko mit der Arbeit beginnen kann. Bruder Schächtele (der Vater des späteren Predigers Hans Schächtele), der Vorstand der Gemeinschaft, ist auch Vorstand des Krankenpflegevereins. Außerdem wird der Verein durch den jeweiligen Reiseprediger vertreten sein.

Ich bin für diese Lösung sehr dankbar, weil das Haus wieder das wird, wozu es meine erste Frau auf Grund einer inneren Weisung vom Herrn erbaut hat. Der Herr wolle uns die geeignete Schwester senden und Seine Bestätigung zu ihrem Dienst geben."

Im gleichen Brief erwähnt Bruder Parnes, dass der Verein ein Darlehen zum Bau des Vereinshauses in Wolfenweiler zur Verfügung gestellt hatte, das jetzt zurückgezahlt werden sollte. Unter den dazu notwendigen Mitteln waren „600 Mark aus dem Verkauf einer Wiese, welche unser persönliches Eigentum war". So selbstlos hat Bruder Parnes immer wieder gehandelt.

Beim Landesjahresfest 1930, das am 2. November stattfand, hielt Pfarrer Urban aus Spöck die Festrede. Die Schlussansprache wurde Bruder Parnes übertragen, ein Zeichen der Wertschätzung, die er erfuhr. Auf Grund von Jesaja 50,4–8 führte er aus: Ein Gotteskind hat

1. ein geöffnetes Ohr,
2. eine gelehrte Zunge, ?

3. ein gehorsames Herz,
4. Leidensgnade,
5. kindliches Vertrauen,
6. Heilsgewissheit.

1932: Gesundheitlich angeschlagen

Im Jahr 1932 war Bruder Parnes gesundheitlich angeschlagen. Er schreibt am 24. Juni an seinen Vorstand:

„In Anbetracht der Zeitverhältnisse wollte ich in diesem Jahr keine Ferien machen. Aber ich leide seit einiger Zeit an einer starken Müdigkeit. Ich war im Winter längere Zeit erkältet, und seither steckt noch etwas in mir. Außerdem habe ich manche innere Anfechtungen gehabt, welche mir manchmal den Schlaf geraubt haben. Das hat auch zu einer gewissen Zermürbung beigetragen. So scheint es mir geboten zu sein, ein bisschen in die Stille zu gehen, um innerlich Stärkung zu bekommen und auch leiblich auszuruhen. Ich habe vor, vom 18. Juli bis 5. August nach Langensteinbach zu gehen und möchte hiermit um Erlaubnis dazu bitten. Im übrigen stehen meine liebe Frau und ich so, dass wir uns alle Sterbensgelegenheiten zu Gnadengelegenheiten dienen lassen möchten, wozu uns der Herr in Gnaden helfen möge."

Am 22. August 1932 schreibt Jakob Parnes:

„Vom 13. bis 16. September soll in Barmen eine judenchristliche Konferenz stattfinden. Herr Pastor Frank hat mich gebeten, einen Vortrag über die biblische Lösung der Judenfrage zu halten. Da ich in der Judenmission das erste Licht bekommen habe und deshalb zu Dank verpflichtet bin, so konnte ich nicht gut absagen, zumal mir die Reise bezahlt wird. Ich habe dabei angenommen, dass Sie damit einverstanden sein werden, wenn ich gehe, zumal ich in der Zeit hier nichts versäume.

Für die Tage, welche ich in Langensteinbach sein durfte, bin ich sehr dankbar. Ich bin in meinem Gemüt wieder zurechtgekommen und kann auch wieder besser schlafen. Der Herr wolle mir helfen, dass die gehörten Wahrheiten in mir Geist und Leben werden und dass es zu einem gesunden inneren Werden und Wachsen komme!"
Das ist der letzte noch vorhandene Brief vor Beginn des Dritten Reiches.

Wie Jakob Parnes das Dritte Reich durchlebte

Bruder Parnes hatte seinem Vorstand mitgeteilt, dass er im September 1932 auf einer judenchristlichen Konferenz in Barmen einen Vortrag über die biblische Lösung der Judenfrage halten solle. Daraufhin wurde er gebeten, diesen Vortrag in verschiedenen Fortsetzungen im „Reich-Gottes-Boten" zu bringen. Am Sonntag, den 29. Januar 1933, erschien die zweite Fortsetzung seines Aufsatzes: „Die biblische Lösung der Judenfrage." Der letzte Satz darin heißt: „Die besondere Offenbarung des Herrn bei Seiner Wiederkunft wird auch Israel überwältigen. Damit wird die Judenfrage gelöst sein."

Unmittelbar darauf folgt in dieser „Reich-Gottes-Boten"-Nummer ein Gedicht mit der Überschrift „Der Geist der Nacht". Darin heißt es: „Wer den Herrn zum Führer wählt, dessen Weg ist nie verfehlt."

Am nächsten Tag, am Montag, den 30. Januar 1933, erfolgte die „Machtübernahme" durch den „Führer" Adolf Hitler und damit der Anfang des Versuchs einer satanischen Lösung der Judenfrage, der sogenannten „Endlösung". Schon im Jahr 1922 hatte er erklärt: „Wenn ich einmal an der Macht bin, dann wird die Vernichtung der Juden meine erste und wichtigste Aufgabe sein."

Am 12. Februar 1933 erschien der Schluss des Aufsatzes von

Bruder Parnes im „Reich-Gottes-Boten". Im Blick auf die überhand nehmende Feindschaft gegen die Juden schreibt er: „Wir leben in einer Zeit, in welcher der Antisemitismus sehr zunimmt. Da ist die Gefahr sehr groß, dass auch die Gläubigen sich von diesem Hassgeist beeinflussen lassen ... Es ist gefährlich, Antisemit zu sein; denn der Herr hat gesagt: ‚Ich will segnen, die dich segnen, und wer dir flucht, den werde Ich verfluchen' (1. Mose 12,3)."

„Die biblische Lösung der Judenfrage" beschlagnahmt

Der Aufsatz von Bruder Parnes wurde dann auch als kleines Heft mit 31 Seiten gedruckt. Die Partei wurde darauf aufmerksam und leitete Schritte dagegen ein. Bruder Parnes schreibt am 22. September 1933 an Hausvater Strasser:

„Wie Sie ja bereits wissen, ist mein Schriftchen über ‚Die biblische Lösung der Judenfrage' beschlagnahmt worden. Es ist von hier ein Exemplar zur Prüfung nach Karlsruhe gesandt worden. Wie man sich zur Sache stellen wird, weiß ich noch nicht. Es kann ja sein, dass die Sache ernste Folgen für mich haben kann, obwohl ja nur biblische Wahrheiten behandelt sind. Meine liebe Frau und ich sind getrost und wissen uns in des Herrn Hand. Vielleicht fängt ein besonderer Leidensweg für uns an. Wir bitten den Herrn um Gnade, dass Er sich in uns und durch uns verherrlichen kann. Bitte, unser vor dem Gnadenthron besonders gedenken zu wollen. Der Herr hat uns bisher wunderbar getröstet und innerlich stille gemacht. Er wird weiterhelfen.

Um eine innere Stärkung zu bekommen, möchte ich mit meiner lieben Frau, wenn es noch möglich sein wird, am Bibelkurs vom 3. bis 13. Oktober teilnehmen und bitte hiermit um Erlaubnis dazu."

An diesem Bibelkurs von Pfarrer Pfleiderer über Matthäus 24 und 25 nahmen auch Pfarrer Beck und Frau sowie meine Eltern und ich teil. Dadurch wurde die Verbindung mit Bruder Parnes und seiner Frau vertieft.

Am 25. September 1933 teilte Bruder Parnes mit:

„Es ist nun die Nachricht bezüglich meiner Schrift von Karlsruhe gekommen. Die Schrift ist beschlagnahmt und eingezogen. Das Urteil lautet: ‚Aufgrund von Paragraph ... wird die Druckschrift ‚Die biblische Lösung der Judenfrage' für den Bereich des Landes Baden beschlagnahmt und eingezogen, weil sie ihrem Inhalt nach die Rassenpolitik der Reichsregierung bekämpft und somit geeignet ist, die öffentliche Sicherheit und Ordnung zu gefährden.' Die Sache ist also, dem Herrn sei Dank, noch glimpflich abgelaufen."

Sein Dienst geht im Jahr 1934 ungehindert weiter

Der Dienst von Bruder Parnes im Bezirk und außerhalb ging zunächst ungehindert weiter. Vom 23. bis 30. Januar 1934 hat er in Tannenkirch eine Evangelisation gehalten. Am 8. Juni 1934 berichtet Bruder Parnes über sein Ergehen:

„Es geht uns ja, Gott sei Dank, noch gut. Auf dem Land kann ich ohne Schwierigkeiten arbeiten, weil die Leute da harmloser sind. In Emmendingen ist es schwieriger, weil hier ziemlich Juden sind und dadurch die Spannung größer ist. Doch ist mir persönlich noch kein Leid geschehen. Die Versammlung in Emmendingen macht eine gewisse Krisis durch. Der politische Umschwung und der Wegzug von Bruder Dittes nach Kenzingen haben dazu beigetragen. Besonders die Wochenbibelstunde hat recht abgenommen. Ich habe mich deshalb mehr aufs Land verzogen und diene in Emmendingen in der Regel nur zweimal im Monat am Mittwoch. An den Sonntagen kommen Bruder Dittes, Bruder Höfflin von Bötzingen, Bruder Greiner von Lahr und Lehrer Weber. Letzter hat ein starkes Bedürfnis nach Gemeinschaft. So haben wir es am

Mittwoch so gestaltet, dass wir am Tisch sitzen und sprechen. Das gefällt allerdings manchen nicht. Doch hoffen wir, dass sich mit des Herrn Hilfe und durch Seinen Geist gewirkt der Gemeinschaftssinn herausbildet.

Als Judenchrist hat man ja besonders das Gefühl, in einer Welt zu leben, in welche man nicht mehr hineingehört. Doch sorgt der Herr treu für innere Tröstung und Erquickung. Es ist uns ein Anliegen, die jetzige Zeit so zu durchleben, dass wir innerlich gesegnet und gefördert werden."

1935: Widerstand des Kreisschulrates in Emmendingen

Am 15. April 1935 berichtet Friedrich Dittes dem Vorstand von einer Sache, die ihn besonders bewegt:

„Lehrer Weber erfuhr von Lehrer B. im Schwarzwald, der ein guter Bekannter des Kreisschulrats in Emmendingen ist, dass man an der Wirksamkeit von Jakob Parnes Anstoß nehme, weil er eben der Rasse nach doch ein Jude sei. Der Kreisschulrat ist Schulungsleiter in Emmendingen und behandelt die Judenfrage mit besonderer Schärfe. B. meint nun, es könne für unsere Gemeinschaft unangenehme Folgen haben. Nun kann man ja an Jakob Parnes persönlich nichts aussetzen. Er tut seine Pflicht treu und führt einen biblischen Wandel. Darum kann man mit gutem Gewissen allem entgegensehen.

Wir haben uns die Sache ernstlich überlegt und meinen nun, Du solltest an B. schreiben und ihm mitteilen, was Jakob Parnes an selbstloser Arbeit geleistet hat unter Drangabe seines großen Vermögens für unser Werk und für Arme, und B. fragen, was man eigentlich gegen Jakob Parnes hat und was man tun will. B. machte die Mitteilung an Lehrer Weber aus Wohlwollen für unsere Sache im Emmendinger Bezirk."

Der Kreisschulrat in Emmendingen ruhte nicht, gegen Jakob Parnes zu arbeiten. Die erste Folge davon berichtet Bruder

Parnes in einem 4-seitigen Brief vom 25. Mai 1935 an Hausvater Strasser:

„Am Mittwoch kam Bruder Lehrer Weber zu mir und erklärte mir, dass es ihm leider nicht mehr möglich sei, mit mir zu verkehren und meine Versammlungen zu besuchen, und zwar aus folgendem Grund: Der Kreisschulrat, welcher schon öfters bei der Behandlung der Judenfrage auch mich öffentlich erwähnt hat, sah uns zusammen auf der Straße und hat dies dann in einer Versammlung öffentlich getadelt. Bruder Weber hat diese Sache dann mit der gläubigen Handarbeitslehrerin Fräulein Kopf besprochen, und sie sind zu dem Entschluss gekommen, den Verkehr mit mir aufzugeben und meine Versammlungen nicht mehr zu besuchen, um als Staatsbeamte keinen Anstoß zu erregen.

Ich dankte Bruder Weber, dass er mir dies so offen mitgeteilt hat, und sagte ihm, dass ich dies Ihnen als meinem Vorstand mitteilen werde. So ersuche ich Sie, die Sache zu prüfen, mit den Brüdern zu besprechen und eine Entscheidung in dieser Angelegenheit treffen zu wollen, ob ich unter diesen Umständen meinen Dienst in Emmendingen noch weiter tun kann oder nicht.

Meine persönliche Stellung in dieser Angelegenheit ist folgende: Dass die Geschwister den Verkehr mit mir unterlassen wollen, kann ich gut verstehen, zumal ihnen ja sonst noch Glaubensfreiheit gelassen wird. Ich möchte auch kein Hindernis für andere und für die Arbeit sein, aber ich darf auch von mir aus keine Entscheidung treffen, damit ich später die Gewissheit haben kann, dass ich nach Gottes Willen leide, was es zu leiden geben wird.

Außer einer aufgewerteten Hypothek von 200 Mark auf einem Gemeinschaftshaus in Mecklenburg und dem Wohnrecht im Vereinshaus in Tiengen besitze ich kein irdisches Vermögen, von dem ich leben könnte. Sonst würde ich mich in die Stille zurückziehen. Als Nichtarier sehe ich bis jetzt auch sonst keine Möglichkeit, irgendeine Arbeit zu bekommen.

Der Herr hat mir in diesen Tagen ein großes Geschenk gemacht. Er hat mich innerlich wunderbar still und getrost gemacht und mich durch Sein Wort und Seinen Geist erquickt. Er hat mich ja in Gnaden erwählt, berufen und bisher Sein Werk in mir getan. So darf ich Seiner Treue auch für die Zukunft vertrauen. Es ist eine Gnade, dass der Herr mich würdigt, um Seines Namens willen leiden zu dürfen. Er schenke mir und meiner lieben Frau, welche mit mir eines Sinnes ist, die Gnade zum rechten Verhalten, damit der Herr verherrlicht und wir gesegnet und gefördert werden. So legen wir uns selbst und die ganze Sache dem Herrn hin und warten betend die Entscheidung unseres Vorstandes und Verwaltungsrates ab.

Da wir beide erholungsbedürftig sind, so möchten wir, so Gott will, im Juni Ferien machen, und zwar gedenke ich zuerst am Kurs in Langensteinbach vom 11. bis 21. Juni teilzunehmen und dann mit meiner Frau nach Marzell noch etwas ganz in die Stille zu gehen, damit sich unsere Nerven beruhigen und wir neue Kraft für die kommenden Proben sammeln können. Ich nehme an, dass Sie damit einverstanden sein werden, und bitte hiermit um Ihre Erlaubnis und Zustimmung.

Ferner möchte ich Sie bitten, in nächster Zeit hierher kommen zu wollen, damit Sie an Ort und Stelle mit den Brüdern sprechen können. Am 2. Juni ist Monatsversammlung in Vörstetten. Da wäre schon eine passende Gelegenheit dazu. Dann werden wir, so Gott will, am 7. Juli in Denzlingen Monatsstunde haben. Auch das wäre eine gute Gelegenheit. Wenn Sie wünschen, würde ich dann auch eine Brüderkonferenz anberaumen, damit Sie mit den Brüdern beisammen sein und sprechen können. Während meines Aufenthalts in Langensteinbach könnte ich auch zu Ihnen zu einer Aussprache kommen.

Es ist mir leid, Ihnen Mühe machen zu müssen. Der Herr wolle alles leiten, Seinen Weg klar zeigen und Gnade geben, denselben zu gehen.

Wir empfehlen uns Ihrer Fürbitte und verbleiben mit herzlichen Grüßen an Sie und Ihre liebe Frau

Ihre verbundenen E. und J. Parnes

Bruder Weber war bei Herrn Dittes, und auch ich habe mit ihm die Sache besprochen."

Hausvater Strasser kam tatsächlich am 7. Juli 1935 zur Monatsversammlung nach Denzlingen.

Bruder Parnes schreibt am 7. Juni 1935 an Friedrich Dittes:

„Ich sehe immer deutlicher, dass ich in meiner jetzigen Lage nur dann richtig durchkomme, wenn ich alles dem Herrn und den Brüdern überlasse und willig annehme, was beschlossen wird. Der innere Trost, den mir der Herr schenkt, macht mich gewiss, dass alles recht werden wird, so wie dies zu meiner eigenen Förderung am besten dienen soll.

Bruder Weber habe ich eine kurze schriftliche Mitteilung gemacht, weil ich um seinetwillen eine Zusammenkunft mit ihm vermeide. Wir wollen recht für ihn beten, weil er anscheinend noch nicht ruhig geworden ist. Seine Lage ist ja auch nicht leicht.

So viel sehe ich schon jetzt, dass diese Sache große Segnungen in sich birgt. Der Herr schenke Gnade zum rechten Verhalten!"

Versetzung nach Tiengen

Am 20. Juli 1935 erfolgte der Beschluss des Verwaltungsrats:

„Wegen der Tatsache, dass Bruder Parnes aus dem jüdischen Volke kommt, gab es in Emmendingen in letzter Zeit ernste Schwierigkeiten. Ein Kreisschulrat im dortigen Bezirk stellte es sich offenbar zur Aufgabe, Bruder Parnes in seinem Dienst unmöglich zu machen. Namentlich Beamte, vor allem Lehrer, kamen in immer größere Bedrängnis, wenn sie zu

Bruder Parnes in die Versammlung gingen. Die Verhältnisse gestalteten sich so, dass wir gezwungen sind, in Emmendingen eine Änderung zu treffen. Nach Rücksprache des Vorstandes mit einer größeren Anzahl Brüder einigte man sich darauf, Bruder Parnes nach Tiengen zu versetzen. Dort soll er in seinem eigenen Haus wohnen, das er dem Verein übereignet hat und in dem er das Wohnrecht hat. Die Landorte des Bezirks soll er weiterhin bedienen, da in den Landorten bis jetzt keine Schwierigkeiten bestehen. Folgende Orte werden ihm zugeteilt: Tiengen, Opfingen, Mengen, Schallstadt-Wolfenweiler, Bötzingen-Oberschaffhausen, Bahlingen, Königschaffhausen, Leiselheim, Bischoffingen, Bickensohl, Breisach. Der Verwaltungsrat hofft, dass Bruder Parnes nun weiter seinen Dienst in den Gemeinschaften tun kann."

Jakob Parnes nahm diesen Weg dankbar aus Gottes Hand. Er schreibt:

„Ich bin für diesen Beschluss, einen reinen Landbezirk zu bekommen, sehr dankbar. Ich sehe in dem Weg nach Tiengen eine gnädige Führung des Herrn. Es kann sein, dass meine öffentliche Wirksamkeit nicht mehr lange dauern wird. Ich bitte jetzt schon den Herrn, dass Er mich auch dafür innerlich vorbereiten und mir dann wieder die Gnade schenken möchte, alles aus Seiner Hand zu nehmen und Ihm Freude und Ehre zu machen durch rechtes Verhalten. Ich werde Sie von allen mir bekannt werdenden Vorkommnissen unterrichten."

So schrieb Bruder Parnes am 23. August 1935 an den Vorstand, vier Wochen vor seinem Umzug nach Tiengen. Er fährt dann fort:

„Die Nachricht vom Wegzug von Herrn Pfarrer Pfleiderer nach Württemberg hat mich auch bewegt. Es war eine besondere Gnadenzeit für unseren Verein. Wie bin ich dem Herrn dankbar, dass Er mir die Gnade geschenkt hat, meinen verkehrten Weg zu erkennen und umzukehren. Auch Herrn

Pfarrer Pfleiderer bin ich sehr dankbar, dass er mit mir Geduld gehabt hat; denn es hat einige Jahre gedauert, bis ich die Verkündigung in Langensteinbach ganz aufnehmen konnte, ohne dass sich Widerspruch in mir geregt hat. Der Herr helfe mir, dass das Gehörte in mir je länger, je mehr zu Geist und Leben werde. Er segne auch Seinen treuen Knecht weiter.

Der Herr schenke auch wieder den rechten Mann. Es wird nicht leicht sein, einen zu finden, weil die vollen biblischen Wahrheiten öffentlich jetzt schon zu sagen sind, und es wird ja wohl noch schwerer werden."

Erklärung von Regierungsrat Dittes an die Geheime Staatspolizei

Friedrich Dittes, der inzwischen Regierungsrat geworden war, wurde im Oktober 1935 von der Geheimen Staatspolizei aufgefordert, eine Erklärung zur Person von Hauptlehrer Weber und von Reiseprediger Parnes abzugeben. Er schrieb am 25. Oktober 1935 unter anderem:

„Hauptlehrer Weber in Emmendingen ist ein Landsmann von mir. Wir kennen uns schon von Jugend an. Als ich noch in Emmendingen wohnte (ich kam im Oktober 1933 nach Kenzingen), verkehrten wir oft zusammen.

Ebenso ist mir der vom Evangelischen Verein für innere Mission Augsburgischen Bekenntnisses in Karlsruhe, Amalienstraße 77, angestellte Reiseprediger Jakob Parnes in Emmendingen gut bekannt. Er kam nach dem Krieg als Angestellter in den Verein. Er bediente den Bezirk Tiengen bei Freiburg. Vor etwa fünf Jahren nahm er auf Weisung der Vereinsleitung seinen Wohnsitz in Emmendingen und bediente von da aus den Bezirk. Als die Tatsache seiner jüdischen Abstammung in den letzten Monaten in Emmendingen zu gewissen Schwierigkeiten führte, hat ihn die Vereinsleitung wieder nach Tiengen versetzt. Dort wohnt er in einem Hause, das früher seiner ersten Frau Marie, geborene Schumacher, aus

Tiengen gehörte und das die Eheleute Parnes nach ihrem Eintritt in den Verein diesem schenkten zur Abhaltung von gottesdienstlichen Versammlungen, Sonntagsschule, Nähkursen usw. In diesem Hause hat Parnes ein ihm vom Verein eingeräumtes, grundbuchmäßig gesichertes Wohnrecht. In Tiengen hat Parnes viel geleistet. Sowohl seine erste als auch seine zweite Frau versahen unentgeltlich den Krankenpflegedienst. Als er nicht mehr in Tiengen wohnte, richtete er in dem Haus eine Krankenpflegestation ein. Die Mittel zur Errichtung wurden von Freunden gestiftet. Vor seinem Eintritt in den Dienst des Vereins stand er in Mecklenburg in gleichem Dienst.

Parnes stammt aus Galizien. Er machte auf österreichischer Seite den Weltkrieg mit. Er besitzt die deutsche Staatsangehörigkeit. Christ wurde Parnes schon in jungen Jahren. Er kam als Zeichner nach Hamburg, besuchte dort die Judenmission und kam dabei zu der Überzeugung, dass der von seinem Judenvolk verworfene Jesus von Nazareth der verheißene Erlöser und Heiland sei. Der lebendige Glaube daran brachte in sein Leben einen völligen Umschwung. Von seinen Angehöri-

Der Versammlungssaal in Tiengen

gen seines Christenglaubens wegen verstoßen, trat er vor etwa 30 Jahren in die Predigerschule St. Chrischona bei Basel ein. Dort erhielt er eine vierjährige Ausbildung als Prediger.

Allen, die Parnes kennen, ist bekannt, dass er ein in jeder Hinsicht einwandfreies Leben führt. Von dem nennenswerten Vermögen der Ehefrau gaben Eheleute Parnes sehr viel an Bedürftige; sie selbst lebten äußerst bescheiden. Das nach der Inflation noch vorhandene Haus schenkten die Eheleute Parnes – wie erwähnt – dem Verein für innere Mission.

Parnes übt kein öffentliches Amt aus; er tut als Angestellter des Missionsvereins in kleinen Kreisen mit der nötigen Zurückhaltung seinen Dienst als Missionsprediger. In Tiengen ist er seit einigen Jahrzehnten bekannt. Er kann dort jedenfalls richtig beurteilt werden.

Hauptlehrer Weber ist langjähriges Mitglied des Vereins für innere Mission und arbeitet schon lange ehrenamtlich mit, wie ich selbst auch. Sein Verkehr mit Parnes war nicht privater Art, sondern beruhte lediglich auf der Zugehörigkeit beider Männer zum selben Verein und war darauf beschränkt. Er hat zu anderen Juden keinerlei Beziehungen. Weber ist sich seiner Pflicht als Beamter sicher voll bewusst."

Wieder in Tiengen

Bruder Parnes kann im Oktober 1935 mitteilen: „Wir haben in Tiengen eine freundliche Aufnahme gefunden und erfahren viel Liebe. Der Aufenthalt in der Stille tut auch meinen Nerven wohl, sodass ich wieder gut schlafen kann und nicht mehr so müde bin, wie es in Emmendingen der Fall war. Herr Pfarrer Kaiser nimmt eine sehr freundliche Stellung ein. Auch Herr Lehrer Dittes und seine Frau sind freundlich. Es ist uns ein Anliegen, den ganzen Ort auf priesterlichem Herzen zu tragen."

Aus einem Brief von Lehrer Weber an seinen Freund Dittes in Kenzingen geht hervor, dass er zu einem Verhör bei der Geheimen Staatspolizei vorgeladen worden ist und ihm unter anderem die Frage gestellt wurde: „Was haben Sie schon für Ihr Vaterland getan?“ Er schreibt an Friedrich Dittes:

„Wir wollen füreinander einstehen, fürbittend einander gedenken und alles dem überlassen, der uns bisher treu geführt hat. Ich habe die gewisse Zuversicht, dass Er uns auch weiterhin trägt, und wir wollen unsererseits Ihm die Treue halten. Sein Heiliger Geist leite und führe uns weiterhin!“

Schreiben des Ministers für Kultus und Unterricht

Die ganze Angelegenheit wurde von Freiburg nach Karlsruhe gemeldet. Schließlich schrieb der Minister für Kultus und Unterricht in Karlsruhe am 31. Dezember 1935 an den Vorsitzenden des Vereins, Herrn Hauptlehrer Strasser in Neureut bei Karlsruhe, Hardthaus:

Reiseprediger Jakob Parnes in Tiengen bei Freiburg

Die Geheime Staatspolizei Karlsruhe hat über die Tätigkeit des von der Inneren Mission angestellten Predigers Jakob Parnes nachstehende Meldung der Zweigstelle Freiburg vom 7. Oktober 1935 hierher erstattet:

Jakob Parnes ist seit 18. September 1935 in Tiengen bei Freiburg wohnhaft, wo er schon früher einmal tätig war. Er soll sich nach Angaben des dortigen Ortsgruppenleiters noch nie in politische Dinge eingemischt haben. Er ist als Reiseprediger für die „Innere Mission“ tätig. Seine Bibelstunden hält er meistens in den protestantischen Ortschaften des Kaiserstuhls, wo die sogenannten „Stündler“ stark vertreten sind. Nachforschungen in Tiengen und in Ihringen, wo Parnes bekannt ist, ergaben keine Anhaltspunkte dafür, dass er in seinen

Reden gegen den Nationalsozialismus oder gegen den Staat abfällige Redensarten gebraucht hätte. Zu bemerken ist noch, dass in nationalsozialistischen Kreisen man darüber empört ist, dass ein getaufter Jude als Reiseprediger auftritt.

Da dem Parnes mit Erfolg nichts vorgehalten werden konnte, wurde von einer Einvernahme desselben Abstand genommen.

Mit Funkspruch vom 22. September 1933 wurde die von Parnes verfasste Druckschrift „Die biblische Lösung der Judenfrage“ für den Bereich des Landes Baden beschlagnahmt und eingezogen.

Im Hinblick auf die Bemerkung, dass man in nationalsozialistischen Kreisen darüber empört sei, dass ein getaufter Jude als Reiseprediger auftrete, stelle ich anheim, zu erwägen, ob Parnes nicht aus dem Außendienst zurückgezogen werden wolle. Von dem Ergebnis der dortigen Prüfung bitte ich mich zu verständigen.

In Vertretung:
(Unterschrift)

Antwort des Verwaltungsrats
17. März 1936

Wir haben dem Verwaltungsrat unseres Vereins von dem Erlass des Herrn Ministers des Kultus und Unterrichts vom 31. 12. 1935 Nr. E 11.500 Kenntnis gegeben. Der Verwaltungsrat hat die Angelegenheit geprüft und eingehend erwogen. Er ist dem Erlass des Herrn Ministers gemäß bereit, den gegebenen Verhältnissen möglichst Rechnung zu tragen und die gebotenen Maßnahmen zu treffen. Eine Verwendung des Reisepredigers Parnes im Innendienst kann nach der Gestaltung und Organisation unseres Vereins leider nicht in Frage kommen. Wenn wir Parnes aus dem Außendienst nehmen, müssen und wollen wir ihn und seine Frau gemäß dem Anstellungsvertrag versorgen. Außerdem müssen wir einen Nachfolger anstellen. Diese Maßnahmen legen uns erhebliche Opfer auf, die uns bei der zwangsläufigen Verminderung unserer Einnahmen nicht leicht fallen. Um trotzdem zu tun, was augenblicklich nötig erscheint, haben wir einstweilen Prediger Parnes da aus der Arbeit zurückgezogen, wo seine Tätigkeit nach unserer Kenntnis Anstoß geben könnte.

Briefe aus dem Jahr 1936

Jakob Parnes schreibt am 21. März 1936 an den Vorstand Strasser:

„Für unser kurzes Zusammensein bin ich sehr dankbar und besonders auch für Ihre biblische Einstellung mir gegenüber. Sie dürfen versichert sein, dass ich nichts festhalten und erzwingen will. Ich möchte nur nichts selber machen, sondern den Weg des Gehorsams gehen. Ich bin so dankbar, dass mir der Herr dafür in der letzten Zeit eine besondere innere Zulage geschenkt hat, sodass ich ganz getrost bin. Er erhalte mir diese Gnade, wenn es wieder ein Stück hinabgehen wird.

Ihre Nöte verstehe ich gut, weil ich dieselben im Kleinen hatte und habe. Der Herr schenke Ihnen viel Gnade, Kraft und Leitung. Leider habe ich Ihnen ja auch manche Not gemacht in meinem Unverstand. Dem Herrn sei Dank, dass Er mich vom Irrtum meines Weges zurückgeholt hat. So wollen wir auch die andern in Geduld tragen, solange es geht."

Am 27. März schreibt Jakob Parnes an Friedrich Dittes:

„Für den Beschluss des Verwaltungsrats bin ich dem Herrn und den Brüdern sehr, sehr dankbar. Es ist für mich auch diesmal wie das letzte Mal wichtig, dass ich meinen Dienst nach der klaren Weisung des Verwaltungsrats tun darf. Ich möchte durchaus nichts festhalten oder erzwingen und rechne weiter damit, dass der Tag kommen kann, wo mein Dienst aufhören muss. Der Herr wird dann wieder Licht und Gnade schenken, wie wir es bisher erfahren durften."

Vom 20. Juni 1936 liegt eine Erklärung des Vorstands im Blick auf das Wohnrecht der Eheleute Parnes im Vereinshaus in Tiengen vor:

„Es wird hiermit bestätigt, dass die Eheleute Parnes die Eintragung nicht veranlasst haben, sondern dass sie der Verein von sich aus erwirkt hat, damit das Haus, das eine Schenkung des Jakob Parnes und seiner ersten Ehefrau an den Verein darstellt, in erster Linie für die Verpflichtungen haftet, die der Verein den Eheleuten gegenüber auf Grund des Anstellungsverhältnisses hat. Die Eintragungen sind also in erster Linie eine Sicherung des Vereins selbst, dass er seinen Verpflichtungen nachkommen kann. Für diese Verpflichtungen soll in erster Linie das Haus dinglich haften."

Bei allem Druck, der auf Bruder Parnes haftete, war es damals für ihn noch möglich, größere Reisen zu unternehmen. Er schreibt am 20. August 1936 an den Vorstand:

„Meine Frau und ich haben eine Einladung nach Danzig und nach Mecklenburg bekommen. Da die Freunde auch für das Reisegeld gesorgt haben, so nehmen wir diese Freundlichkeit vom Herrn an und gedenken, so Gott will, am 24. August die Reise anzutreten, zunächst nach Ludwigshafen, weil unsere Mutter am 26. August achtzig Jahre alt wird, und dann weiter. Am 19. September wollen wir wieder zurück sein. Die Arbeit im Bezirk wird durch den Dienst der Brüder ungestört weitergehen. Diese Reise soll als meine Ferien gelten.

Später möchte ich auch an einem Kurs in Langensteinbach teilnehmen. Dem Herrn sei Dank, dass durch Herrn Pfarrer Beck die Arbeit im Heim im gleichen Geist weitergeht. An diesem Segen möchte ich auch weiter teilhaben, damit das, was ich durch den Dienst von Herrn Pfarrer Pfleiderer empfangen durfte, vertieft wird. Dem Herrn danke ich immer wieder, dass Er mich vom falschen Weg herumgeholt hat. Er helfe mir, dass Er in mir wachsen kann.

Im Bezirk ist alles, Gott sei Dank, still. Das ist auch eine große Gnade. Bis zum Sommer wird der Herr den Weg weiter zeigen. Ich bin so froh, dass Er mein Herz auch hierin stille gemacht hat.“

Es geht auf die Reichskristallnacht zu

Am 17. 8. 1938 diktierte Bruder Parnes seiner Frau einen Brief an Hausvater Strasser. Er fügt dann noch den Satz hinzu: „Meine Augen sind augenblicklich schwach, darum hat meine liebe Frau geschrieben.“

Vom 29. August 1938 liegt eine Mitteilung des Vereinsrechners Paul Härdle an den Vorstand vor mit folgendem Inhalt:

„Ich fühle mich verpflichtet, Sie davon in Kenntnis zu setzen, dass soeben zwei Beamte der Geheimen Staatspolizei bei mir waren, um über den Verein Erhebungen zu machen. Ich wollte zuerst keine Auskunft geben und die Herren an Sie verweisen; aber es nützte nichts. Sie sagten, sie seien befugt, die Bücher zu beschlagnahmen. Sie ließen sich die genauen Adressen aller unserer angestellten Brüder geben, ferner das Verzeichnis unserer Gemeinschaften und die Jahresrechnung 1937. Ich fragte, was etwa gegen uns vorliege; sie sagten jedoch darüber nichts.“

Sonntag, 6. November 1938

Am ersten Sonntag im November war sonst die Erntedankversammlung in Bötzingen-Oberschaffhausen. Dieses Mal wurde sie in der Form einer Monatsversammlung gehalten, verbunden mit einer Brüderkonferenz. Ein Bruder von Bötzingen holte Hausvater Strasser am Sonntagmorgen mit seinem Auto in Haslach ab.

Für Bruder Parnes war das Zusammensein mit dem Vorstand, den Brüdern und den Geschwistern eine besondere

Stärkung. In der Nacht von Mittwoch, den 9. November, auf Donnerstag, den 10. November, war ja dann die schreckliche „Reichskristallnacht". Am 16. November 1938 schreibt Jakob Parnes mit einer Schrift, der man es ansieht, dass sein Augenlicht sehr schwach geworden ist:

„Lieber Bruder Strasser!
Dankbar schauen wir auf den 6. November zurück. Der Herr hat uns einen gesegneten Tag geschenkt. Auch Ihnen danken wir nochmals herzlich für Ihr Kommen und den gesegneten Dienst. Der Herr wolle Sein Wort in den Herzen segnen!

Nun dürfen wir Ihnen mitteilen, dass es uns, dem Herrn sei Dank, gut geht. Wir dürfen in unserem Zoar unter dem gnädigen Schutz des Herrn weilen und die Erfüllung von Psalm 91 erleben. Wir sind in keiner Weise gestört worden. Die Liebesaussaat meiner lieben ersten Frau dürfen wir ernten. Der Herr segne unseren Ort!

Am Sonntag tat ich meinen Dienst am Kaiserstuhl. Die Geschwister sind sehr lieb und treu. Alles unverdiente Gnade und Treue des Herrn.

Ihnen und Ihren Lieben herzlichen Dank für die Fürbitte. Gott führt Seinen Plan durch, und Sein Wort erfüllt sich."

Die Spannung nimmt zu

Die Lage wurde immer ernster. So schreibt der Vorstand am 19. November 1938 an Jakob Parnes:

„Vielen Dank für Ihren Brief! Es freut mich, dass Sie in den verflossenen Tagen nichts Unangenehmes erlebten. Doch habe ich seit zwei Tagen eine Verfügung in der Hand (sie bezieht sich nicht direkt auf Sie oder Ihren Dienst), auf Grund deren ich allein nicht mehr die Verantwortung für Ihren weiteren Dienst übernehmen kann. Ich möchte Sie mit diesen Zeilen bitten, bis zur nächsten Verwaltungsratssitzung, die anfangs Dezember stattfinden wird, um Ihretwillen und um der Sache willen nicht in den Bezirk zu gehen. Wenn nötig, können Sie mir über Bruder Höfflin Nachricht zukommen lassen."

Wie gespannt damals die Lage war, geht auch daraus hervor, dass Hausvater Strasser diesen Brief an Bruder Höfflin schickte mit der Überschrift: „Vertraulich". Und dem Zusatz: „Wäre es möglich, dass ein Radfahrer beiliegendes Schreiben Bruder Parnes zustellt, damit, wenn es geht, er es morgen noch erhält."

Bruder Parnes antwortet am 21. November. Der Brief ist wieder von seiner Frau geschrieben:

„Als ich heute vom Dienst heimkam, fand ich Ihre lieben Zeilen. Besten Dank dafür. Ich werde also bis zur Entscheidung des Verwaltungsrats nicht mehr den Bezirk bedienen und für Vertretung sorgen.

Bruder Stöckle war mit Bruder Keidel bei mir, und wir haben brüderlich und offen die ganze Lage durchgesprochen und miteinander dem Herrn hingelegt. Ich war für den Besuch der Brüder und die Aussprache dankbar.

Die Lage im Bezirk ist folgende: In Opfingen, wo ich befürchtete, dass am ersten Schwierigkeiten sein könnten, hat Bruder Graber ganz von sich aus mich aufgefordert, weiter zum Dienst zu kommen. In Bischoffingen wünschen die Brüder meinen Dienst, solange es nur möglich sein würde, wie Ihnen Bruder Klaus wohl noch mitteilen wird. Bruder Höfflin sagte mir gestern Abend, dass auch in Oberschaffhausen-Bötzingen alles ruhig ist. Auch in den anderen Orten des Bezirks liegen keine Schwierigkeiten vor.

Trotzdem bin ich mir des Ernstes der Lage voll bewusst und habe volles Verständnis dafür, dass sich die Vereinsleitung vor dem Herrn klar werden muss, ob mein Dienst weiter möglich sein wird oder nicht. Dem Herrn bin ich sehr dankbar, dass ich so lange dienen durfte, und wenn Er mir den Dienst noch etwas erhalten könnte, so wäre es mir ja sehr lieb. Ist aber die Zeit da oder kommt sie in Bälde, dass er aufhören soll, so will ich dies auch aus des Herrn Hand nehmen. Verstehe ich doch jetzt besser als früher, dass die Hauptsache ist, dass der Herr in mir Sein Werk tut und vollendet.

Der Herr hat Sie bisher in meiner Angelegenheit recht geleitet. So lege ich auch jetzt vertrauensvoll die Sache in Ihre Hände, und wir warten betend auf die Entscheidung. Sehr dankbar wäre ich Ihnen, wenn Sie mir bald nach der Sitzung Nachricht zukommen ließen.

Mit herzlichen Grüßen an Sie und Ihre liebe Frau verbleiben wir Ihre dankbaren, im Herrn verbundenen

E. und J. Parnes"

Eigenhändig schrieb er darunter:

„Und was Er mit mir machen will, ist alles mir gelegen. Ich halte Ihm im Glauben still und trau auf Seinen Segen. Denn was Er tut, ist immer gut, und wer von Ihm behütet ruht, ist sicher allerwegen.

Herr, wirke Du in mir durch Deinen Heiligen Geist diese Willigkeit und geistliche Einstellung aus Gnaden! Amen.

Jakob Parnes"

Brief von Karl Klaus vom 21. November 1938

Auch der angekündigte Brief von Bruder Karl Klaus an den Vorstand wurde am 21. November 1938 geschrieben:

„Durch die letzten Zeitereignisse gedrungen, erlaube ich mir, Ihnen dieses Brieflein zu schreiben betreffs Bruder Parnes. Ich glaube hiermit auch im Sinn und Auftrag unserer Brüder zu handeln. Vorausschicken möchte ich, dass ich weiß, dass Sie, lieber Bruder Strasser, auch in dieser Frage mit mir einig gehen. Es ist Ihnen aber als verantwortlicher Vorstand unseres Vereins vielleicht doch lieb, wenn Sie die Ansicht der Brüder im Einzelnen hören.

Ich möchte nun versuchen, Ihnen die Lage und die Verhältnisse hier so zu schildern, wie sie sind. Zuerst kann ich Ihnen die freudige Mitteilung machen, dass unser Bruder Parnes in den letzten Unruhen gar nicht belästigt wurde. In erster Linie sehe ich darin ein Gotteswunder, aber ich glaube, wir dürfen auch folgenden Schluss daraus ziehen: Bruder Parnes ist in seinem abgelegenen Tiengen der großen Welt fast unsichtbar. Wäre er noch in Emmendingen oder sonst einem Ort gewesen, würde es vielleicht auch für ihn anders gekommen sein. Was hier für Tiengen zutrifft, trifft bis auf wenige Ausnahmen auch für den ganzen Bezirk zu. Es sind fast lauter Orte, wo keine Beamte oder deren Frauen in die Gemeinschaft gehen. Man kann also von keiner direkten Gefahr für unsere Gemeinschaften durch Bruder Parnes sprechen, sofern diese nicht schon durch die allgemeine Lage herbeigeführt ist.

Zum anderen will es mir auch scheinen, dass uns Gemeinschaftsleuten an Bruder Parnes eine Glaubensprobe geschenkt ist, die wir nicht einfach abschütteln sollten. Es könnten ja in allernächster Zeit Ereignisse eintreten, die eine Arbeit von Bruder Parnes sowieso unterbinden. Dann wäre es, meine ich, immer noch Zeit, dass wir auf ihn verzichten.

Das sind nun einige meiner Erwägungen allgemeiner Art. Vielleicht darf ich aber noch solche persönlicher Art hinzufügen. Ich führe dieselben absichtlich erst in zweiter Linie an, weil ich weiß, dass meinerseits viel Eigennutz dahintersteckt. Bruder Parnes ist menschlich gesprochen der Bruder, von dem ich schon den meisten Segen empfangen durfte. Nicht dass ich damit seine Person vergöttern wollte, da ja auch ein anderer Bruder diesen Platz einnehmen könnte. Aber es drängt mich, dies an dieser Stelle Ihnen auszusprechen. Auch in unserer Gemeinschaft durfte er in großem Segen wirken mit seinem Reichtum an Erkenntnissen. Wir nehmen zur Zeit in unseren

Brüderstunden die Offenbarung durch, wobei uns Bruder Parnes durch seine Anwesenheit zum großen Segen wird.

Da Sie, lieber Bruder Strasser, unserem Bruder Parnes ja selbst sehr nahe stehen, halte ich es für überflüssig, meinen Gefühlen in dieser Richtung noch weiter Raum zu lassen. Hauptzweck meines Schreibens ist es, dass, wenn vielleicht in einer Verwaltungsratssitzung die Rede auf den Fall Parnes kommt, Sie die Einstellung von uns Brüdern kennen. Ich meine eben, Bruder Parnes müsste von der Welt her ins Leiden kommen und nicht von Seiten der Brüder.

In der Hoffnung, dass Sie mich recht verstanden haben und mir deshalb mein Schreiben nicht übel nehmen, verbleibe ich mit herzlichen Grüßen

Ihr dankbarer Karl Klaus"

Brief von Jakob Parnes vom 13. Dezember 1938

Am 13. Dezember 1938, einen Tag vor der entscheidenden Verwaltungsratssitzung, schreibt Bruder Parnes an den Vorstand:

„Möchte Ihnen noch vor der Sitzung Folgendes mitteilen: Ich sehe vollständig ein, dass es jetzt Zeit ist, dass mein Dienst aufhört. Der Herr hat mich innerlich darauf vorbereitet, indem ich nicht mehr die Freiheit hatte, um die Erhaltung des Dienstes zu beten.

Nach Oberschaffhausen kam ich in der Meinung, dass die Verwaltungsratssitzung schon stattgefunden hätte und dass Sie mir das Resultat mündlich mitteilen wollten. Als ich dann merkte, dass Sie und die Brüder wünschten, dass ich von mir aus die Entscheidung treffen solle, da brachte mich das noch einmal in innere Not. Ich wollte aber in keiner Weise mich gegen die Entscheidung der Brüder auflehnen, sondern mit Gottes Hilfe alles willig aus Seiner Hand nehmen.

Bin dem Herrn sehr dankbar, dass Er mich nach Baden geführt hat, für den inneren Segen, den ich empfangen durfte, und für den Dienst, den ich tun durfte.

Ihnen danke ich herzlich für alle Liebe, welche Sie mir erwiesen haben, und für alle Mühe, welche Sie mit mir hatten. Der Herr wolle mir in Gnaden alle meine Verkehrtheiten vergeben und mich weiter zurechtbringen, bis Er mit mir Sein Ziel erreicht haben wird. Der Herr helfe mir, den Vers auszuleben, an den ich in der letzten Zeit immer wieder erinnert werde:

‚Leide willig jede Not,
sei getreu bis in den Tod!'

Der Herr segne Sie und den Verein weiter und erhalte das Werk, solange es noch möglich sein wird!

Mit herzlichen Grüßen an Sie und an die anderen Brüder des Verwaltungsrats verbleibe ich Ihr dankbarer, im Herrn verbundener

J. Parnes"

In den Ruhestand versetzt

In der Sitzung am 14. Dezember 1938 wurde folgender Beschluss gefasst:

„Auf Grund der Ereignisse die Juden betreffend wurde für den Verwaltungsrat die Frage erneut ernst, was mit unserem Bruder Parnes werden soll. Da nun in letzter Zeit auch unsere kleine Gemeinschaft in Merchingen wegen judenfreundlichen Verhaltens einer früheren Krankenschwester, die als Seele der Gemeinschaft gilt, verboten wurde, so sieht sich der Verwaltungsrat zu seinem großen Bedauern veranlasst, Bruder Parnes auf 1. Januar 1939 in den Ruhestand zu versetzen. Die Bezüge sollen die bei uns üblichen Ruhestandsbezüge sein. Die von Bruder Parnes bisher bedienten Orte werden zur Bedienung unter die Brüder Gräßlin, Keidel und Feil verteilt.

Der Verwaltungsrat spricht Bruder Parnes herzlichen Dank für seinen Dienst unter uns aus und wünscht von Herzen, dass ihm ein gesegneter Lebensabend beschieden sein möge."

Zeugnis für Jakob Parnes

Am Tag darauf hat Hausvater Strasser folgendes Zeugnis ausgestellt:

„Prediger Jakob Parnes, geboren am 26. Dezember 1877, stand im Dienst des Evangelischen Vereins für innere Mission A. B. im Lande Baden vom 1. April 1921 bis zum 31. Dezember 1938. Ich stelle ihm gerne das Zeugnis aus, dass er während dieser Zeit einen von Gott reich gesegneten und fruchtbaren Dienst getan hat; besonders kann das gesagt werden von den letzten drei Jahren, in denen er am Kaiserstuhl seinen Dienst tat. Es war eine Freude, zu beobachten, wie er mit den Geschwistern, denen er dort dienen durfte, in die tiefen Wahrheiten und großen Zusammenhänge der Heiligen Schrift hineinwuchs. Es waren besondere Jahre des Segens für den treuen Diener Gottes und für die, an denen er arbeitete. Eine natürliche Folge seiner treuen Arbeit war das innige Verhältnis zwischen ihm und den Geschwistern am Kaiserstuhl.

Die herzlichsten Segenswünsche des Verwaltungsrates begleiten ihn und seine liebe Frau, die ihn in seiner Arbeit kräftig unterstützte mit den ihr verliehenen Gaben.

Im Namen des Verwaltungsrats des Evangelischen Vereins für innere Mission A. B. Albert Strasser"

Am selben Tag schreibt Hausvater Strasser an Jakob Parnes:

„Vielen Dank für Ihren lieben Brief, den ich noch vor der Sitzung erhielt. Es ist den Brüdern des Verwaltungsrates sehr schwergefallen, Sie, lieber Bruder Parnes, zu bitten, Ihren Dienst am Kaiserstuhl nicht mehr weiter zu tun; doch sahen wir durch die neue Lage leider keinen andern Weg. Im Namen und Auftrag der Brüder danke ich Ihnen herzlich für Ihren treuen Dienst, zu dem sich der Herr so sichtbar bekannte. Sie sind mit Ihrer lieben Frau auch weiterhin in Seiner Hand. Er wird Sie nicht verlassen noch versäumen und Sie beide versorgen nach innen und außen. Die letzte Brüderkonferenz am 6. November in Bötzingen war mir gewissermaßen der Stempel Gottes auf Ihre Arbeit, wie auch die nachmittags gehabte Monatsstunde.

In der Sitzung hieß es, dass einer Auszahlung einer Pension nichts im Wege stehe. Es wurde beschlossen, dass Sie achtzig Prozent Ihrer bisherigen Bezüge weiter bekommen sollen.

Die Tage der Stille, die Ihnen Gott schenkt, werden für Sie keine arbeitslosen Tage sein; das wissen wir. Gedenken Sie bitte auch des Werkes, in dem Sie so lange haben gesegneten Dienst tun dürfen!

Sie mit Ihrer lieben Frau dem Herrn und Seiner Gnade befehlend, bin ich mit brüderlichem Gruß

Ihr treu verbundener Albert Strasser“

Am 16. Dezember 1938 schrieb Jakob Parnes an Inspektor Heinrich Stöckle in Mannheim:

„Herzlichen Dank für Deine lieben Wünsche. Der Herr war bisher mein guter und treuer Hirte. Er wird es auch weiterhin bleiben. Er helfe mir, Ihm unter allen Umständen treu zu sein und treu zu bleiben.

Den Beschluss des Verwaltungsrats nehme ich aus Gottes Hand; ich wollte nur selber keine Entscheidung treffen. – Dass der Verein für uns sorgen darf, dafür sind wir sehr dankbar.

Nachsatz: Bitte die ‚Blindenschrift‘ zu entschuldigen.“

Die Staroperationen

Wenn man die Schrift von Jakob Parnes im Herbst 1938 mit der in den früheren oder auch in den späteren Jahren vergleicht, merkt man, wie sehr damals sein Augenlicht nachgelassen hatte. Er war an beiden Augen an grauem Star erkrankt. In der Universitätsaugenklinik in Freiburg konnte er als Jude nicht aufgenommen werden. Da war guter Rat teuer. Durch das Bibelheim war Bruder Parnes schon 1930 mit meinen Eltern bekannt geworden. Sie wussten sich herzlich mit ihm und seiner Frau verbunden. Bruder Fritz Müller in Ebingen, der Freund meines Vaters, litt auch an grauem Star. Er wurde von dem Augenarzt Dr. Krämer in Tuttlingen operiert. Erfreulicherweise war dieser Arzt bereit, auch Bruder Parnes zu operieren.

Vor mir liegt ein mit Bleistift geschriebener Brief mit der Handschrift von Frau Parnes. Nur das letzte Wort „Jakob“ hat Bruder Parnes selber geschrieben:

„Tuttlingen, den 19. 1. 1939
Mein lieber Ernst!
Darf Dir mitteilen, dass die Operation des linken Auges gut gelungen ist. Die Heilung des Auges ist so weit fortgeschritten, dass ich am Samstag hier entlassen werde. Ich kann nun mit dem linken Auge sehen, nur lesen und schreiben noch nicht, weil die Linse auch wegoperiert ist. Da muss ich warten, bis ich eine passende Brille bekomme. Dann werden wir nochmals zur Operation des rechten Auges herkommen müssen. Gott sei Dank, dass alles so gut gegangen ist.

Grüße unseren Vorstand und die anderen Brüder recht herzlich und sage ihnen Bescheid, wie es mir geht. Wünsche Euch ein recht gesegnetes Beisammensein. Danke auch allen für ihre Fürbitte herzlich. Besonders sei Du selbst samt Deiner lieben Frau und den Kindern herzlich gegrüßt von Deinem

Jakob“

Der „liebe Ernst" war Stadtmissionar Ernst Mülhaupt in Karlsruhe.

Hausvater Strasser schreibt am 28. Januar 1939 an Jakob Parnes:

„Dass Ihre Augenoperation gut vorübergegangen ist und dass die Genesung weiterschreitet, hat mich sehr gefreut. Ihre Grüße an mich und den Verwaltungsrat durch Bruder Mülhaupt haben große Freude ausgelöst. Wir danken Ihnen vielmals dafür und erwidern sie auf das herzlichste mit der Bitte zum Herrn, dass Er Ihnen und Ihrer lieben Frau weiterhelfe und Sie weiterführen wolle. Es würde mich freuen, bald mal wieder etwas von Ihnen zu hören."

Am 2. März 1939 ist Bruder Parnes wieder im Krankenhaus Tuttlingen zur Augenoperation. Er schreibt: „Mein Auge hält, Gott sei Dank. Ich muss mich aber noch sehr ruhig verhalten. Mit Gottes Hilfe wird auch das rechte Auge bald geheilt sein. Ihm sei Dank für Seine Hilfe! Ihnen und allen, die für mich gebetet haben, herzlichen Dank!"

Am 2. Februar 1940 kann er schreiben: „Meine Augen haben sich bisher gehalten, aber sie sind schwach und empfindlich. Ich darf sie nicht viel anstrengen. Bin aber sehr dankbar, dass ich noch sehen kann." Seine Schrift ist wieder so klar wie früher.

Am 13. Juni 1941 schreibt er an den neuen Vorstand Pfarrer Beck (Hausvater Strasser war am 26. Dezember 1940 heimgegangen):

„Mit meinen Augen steht es so: Nach der Entlassung aus der Augenklinik musste ich nach drei Wochen beim Augenarzt zur Kontrolle erscheinen, dann nach vier Wochen und jetzt erst nach zwei Monaten. Bei täglicher Behandlung der Augen zu Hause und großer Schonung halten sich die Augen. Nicht viel lesen und nicht viel schreiben. Aber sehen kann ich sonst gut, wofür ich sehr dankbar bin."

Sein Ergehen in den Jahren 1939 bis 1945

Karl Klaus in Bischoffingen hatte in seinem Brief vom 21. November 1938 vorgeschlagen, Bruder Parnes im Dienst zu belassen. Die Entscheidung des Verwaltungsrats war anders ausgefallen. Für Hausvater Strasser war es eine Erleichterung, was Karl Klaus am 20. Januar 1939 schreiben konnte: „Nachträglich darf ich Ihnen versichern, dass ich den Beschluss über Bruder Parnes voll und ganz billige. Die Geschehnisse dieser Tage haben auch mich gelehrt, dass die Zeit da ist, Bruder Parnes aus dem Dienst zu nehmen."

Hausvater Strasser antwortete darauf am 24. Januar 1939:

„Es ist mir eine Erleichterung, dass nun auch Sie, lieber Bruder, den Eindruck haben, dass der Beschluss des Verwaltungsrates in Bezug auf unseren lieben Bruder Parnes richtig war. Ihr vorletzter Brief hat mich sehr bewegt. Hätte ich doch unseren lieben Bruder zu gern noch gehalten. Es ging bei mir durch innere Kämpfe hindurch. Doch wurde mir an einem bestimmten Tag auf ein Erlebnis hin ganz klar, dass seine Zeit abgelaufen ist. Er selbst hätte ja die größten Nöte bekommen. Sein Herr, dem er so treu gedient hat, wird ihn versorgen. Bis auf Weiteres dürfen wir ihm ja die ihm zustehende Pension geben. Dann sehe ich den Dienst der Fürbitte, den nun Bruder Parnes in erhöhtem Maß tun darf und den er auch übt, für äußerst wichtig an."

Invalidenrente genehmigt

Am 2. März 1940 kann Bruder Parnes dem Vorstand eine erfreuliche Mitteilung machen:

„Vorgestern bekam ich den Rentenbescheid von der Angestelltenversicherung. Auf Grund der vorgelegten ärztlichen Zeugnisse bin ich als arbeitsunfähig anerkannt worden. Es ist mir sehr lieb, dass nun die Vereinskasse wesentlich entlastet werden kann. Dem Herrn sei Dank für Seine Hilfe!

Mein Gehör hat sehr nachgelassen. Das linke Ohr ist ja schon lange taub. Aber seit einigen Monaten höre ich auch auf dem rechten Ohr sehr schlecht. Der Ohrenarzt meint, es sei eine Folge der Arterienverkalkung, welche ja auch zunimmt.

So könnte ich den Dienst im Bezirk nicht mehr tun, auch wenn dies sonst noch möglich wäre. Umso dankbarer bin ich jetzt für die Invalidenrente. Ich nehme diese Hilfe als Bestätigung vom Herrn, dass ich hier bleiben durfte, und bin aufs Neue dankbar für das Plätzchen, das Er mir bereitet hat.

Sonst geht es uns, dem Herrn sei Dank, gut. Wir dürfen in stillem Frieden leben und werden innerlich und äußerlich gesegnet. Im Rückblick auf das vergangene Jahr dürfen wir mit dankerfülltem Herzen sprechen: ‚Lobe den HERRN, meine Seele, und vergiss nicht, was Er dir Gutes getan hat!'

Bei den zunehmenden Alterserscheinungen gilt es jetzt für mich, die Gnadenzeit noch besonders auszunützen, damit der Herr Sein Werk in mir voll ausrichten kann. Darum bin ich für die Zeit der Stille sehr dankbar."

Am 13. Juni 1941 kann Jakob Parnes Pfarrer Beck in Langensteinbach mitteilen: „Von uns dürfen wir berichten, dass uns der Herr bisher auf dem schmalen Weg sehr gnädig durchgeholfen und sehr viel Gutes nach innen und außen getan hat, sodass wir täglich viel zu loben und zu danken haben."

Erster Brief nach Kriegsende

Nun folgt eine lange Pause bis zum 23. Juni 1945. An diesem Tag konnte Jakob Parnes seinen ersten Brief nach Kriegsende an Pfarrer Beck senden. In den dazwischenliegenden Jahren ist Schreckliches geschehen, auch an den Juden in Baden. Nur drei von ihnen kamen nicht ins Konzentrationslager. Einer von ihnen war Jakob Parnes, über den der Herr gnädig Seine Hand gehalten hat.

Nach dem Kriegsende am 8. Mai 1945 dauerte es längere Zeit, bis die Post wieder Briefe beförderte, und noch länger, bis man wieder telefonieren konnte. Am 23. Juni 1945 bot sich Bruder Parnes die erste Gelegenheit, seinem Vorstand, Pfarrer Beck in Langensteinbach, eine Nachricht zukommen zu lassen:

„Die Frau meines Freundes Blum aus Karlsruhe ist mit ihrer Tochter nach Bötzingen gewandert, und so benütze ich die erste sich bietende Gelegenheit, um Ihnen einen ausführlichen Bericht über unser Ergehen zu senden.

Durch die Gnade des Herrn lebe ich noch und bin noch hier mit meiner lieben Frau. Auch die letzte Aktion gegen die Juden, welche im Februar erfolgte, ist an mir gnädig vorübergegangen, weil ich schon über 65 Jahre alt war. Dem Herrn sei Lob und Dank für alle unverdiente Gnade und Bewahrung!

Unser Ort ist auch im letzten Stadium des Krieges gnädig verschont geblieben. Alle Häuser sind intakt; keine Fensterscheibe ist zerbrochen.

Weil sich die Leute im Ort beim Einzug der Franzosen ruhig verhielten und dieselben willig und freundlich aufnahmen, so ist auch dabei kein Schaden entstanden. Der Einzug der Franzosen erfolgte am Sonntag, den 22. April. Auch wir hatten Einquartierung. Weil der Krieg noch nicht zu Ende war, so zogen die Franzosen nach zwei Tagen Rast weiter.

Dann kam eine etwas unruhige Zeit. Französische Soldaten von auswärts kamen immer wieder und raubten allerlei. Auch eine Vergewaltigung ist vorgekommen. Daraufhin legte die Militärbehörde achtzig Mann nach Tiengen zum Schutz der Bevölkerung. Bei uns schliefen zwei junge Franzosen. Es waren anständige Menschen. Einer war ein religiöser Katholik, welcher nach Munzingen in die Messe ging und vor seinem Bett kniend betete. Mit diesem bekamen wir ein sehr herzliches Verhältnis. Nach etwa vier Wochen zogen die Soldaten ab. Es ist aber ruhig im Ort.

Nun ist der Krieg zu Ende. Allerdings ganz anders, als ich es meinte. Es schien mir immer, dass sich das prophetische Wort erfüllen wollte. Nun hat der Herr, so wie es jetzt scheint, noch einmal eine Gnadenzeit geschenkt. Aber über das deutsche Volk ist allerdings eine große Notzeit hereingebrochen. Das geht einem zu Herzen und treibt zur Fürbitte, dass die Not den Seelen ein Wegweiser zum Herrn werden möchte.

Was ich kaum zu glauben hoffte, ist nun Tatsache geworden: Ich bin nun aus meinem schönen Käfig frei geworden, und alle äußeren Hemmungen sind nicht mehr da.

Das stellte mich vor eine neue Lage und trieb mich ins Gebet. Zuerst wartete ich, bis der Krieg ganz zu Ende war, und bat den Herrn um eine neue Berufung, falls Er mich noch gebrauchen wollte.

Am 9. Mai hieß die Losung: ‚Der Herr rief Samuel. Er aber antwortete: Siehe, hier bin ich!' Am 10. Mai kam Bruder Ernst von Wolfenweiler und sprach mit mir darüber, dass ich wieder Versammlungen halten möchte. Ich sagte ihm, dass ja Tiengen und Umgebung zum Bezirk von Bruder Hugenschmidt in Müllheim gehörten und dass ich den geordneten Weg gehen möchte. Wir wurden uns darüber einig, dass ich zunächst helfen sollte, wo ich gewünscht würde, und wir dann weiter abwarten wollten, bis wir uns mit Bruder Hugenschmidt – und, wenn die Möglichkeit wieder käme, auch mit Ihnen als Vorstand verständigen könnten.

Am Sonntag, 13. Mai, hielt ich die erste Versammlung in Wolfenweiler, wo ich sehr herzlich aufgenommen wurde. Ebenso war es am Pfingstmontag in Opfingen.

Bruder Ernst fuhr mit dem Rad nach Müllheim, um die Sache mit Bruder Hugenschmidt zu regeln. Diesem ist es recht, wenn ich mache, was ich kann. Bruder Hugenschmidt hat in Müllheim genug zu tun. Er war schon seit November 1944 nicht mehr in dieser Gegend. Die Kriegsverhältnisse und die Krankheit seiner Frau haben es verhindert. Bruder Ernst von Wolfenweiler, Bruder Hanser von Schallstadt und meine Frau haben die Versammlungen bedient. Die beiden Brüder haben sich während der Kriegszeit sehr bemüht, dass die Versammlungen in dieser Gegend in Gang geblieben sind.

Mit Bruder Hugenschmidt ist also die Sache geregelt. Nun möchte ich um Ihr Einverständnis bitten. Es wäre mir sehr lieb, wenn Sie es mir, sobald Sie eine Möglichkeit bekommen, schriftlich mitteilen würden. Es handelt sich um folgende Orte: Wolfenweiler, Mengen, Tiengen, Opfingen, Waltershofen.

In letzterem, katholischen Ort ist eine evangelische Familie mit zwei älteren gläubigen Töchtern. Auch kommen zwei evangelische Frauen in die Versammlung. Sie baten auch um meinen Dienst.

Meine Milz ist nicht ganz in Ordnung. Sonst bin ich noch gesund und sehe gut aus. Was mich besonders freut, ist, dass ich wieder gut wandern kann und die Wege in die Orte zu Fuß zurücklegen.

Es ist mir natürlich sehr lieb, dass ich noch etwas mithelfen kann. Im Übrigen möchte ich nur da dienen, wo ich gewünscht werde, und werde es von mir aus nirgends veranlassen. Mein Hauptanliegen in dieser Sache ist für jeden Dienst, dass es mir der Herr schenken möge, ein Gesalbter und Gesandter des Herrn zu sein und dass Sein Werk in mir fortgehe und zur Vollendung komme nach 1. Thessalonicher 5,23.24.

Zehn Jahre hing das Schwert über meinem Haupte. Wie viel gnädiges Verschonen, wie viel Hilfe, Durchhilfe und Liebe durfte ich mit meiner lieben Frau in dieser Zeit erfahren! Psalm 23 hat sich buchstäblich erfüllt. Lobe den HERRN, meine Seele, und vergiss nicht, was Er dir Gutes getan hat, besonders auch, dass Er dir alle deine Sünden vergibt und alle deine Gebrechen heilt und heilen wird, bis du ganz ausgeheilt sein wirst.

Wie geht es Ihnen und Ihrer werten Frau Gemahlin sowie den andern Lieben dort? Wir freuen uns schon auf die Zeit, wo das Bibelheim wieder seinem alten Zweck zurückgegeben sein wird. Der Herr segne auch unseren ganzen Verein und gebrauche ihn zum Segen für das Land!

Mit herzlichen Grüßen an Sie, Ihre werte Frau Gemahlin

und alle Bekannten verbleiben wir Ihre im Herrn verbundenen dankbaren E. und J. Parnes"

Zu den genannten Orten kamen dann noch Oberschaffhausen-Bötzingen, Bahlingen und Leutersberg dazu. So hatte Bruder Parnes jetzt acht Orte zu betreuen.

Die Jahre nach dem Krieg

Pfarrer Beck hob die durch die Umstände erzwungene Pensionierung von Bruder Parnes wieder auf und setzte ihn neu als Prediger für die angeführten acht Orte ein. Dafür war Bruder Parnes sehr dankbar. Nachdem er einige Monate Dienst getan hatte, konnte er am 30. August 1945 schreiben:

„Der Herr hat mir Gnade und Freude zum Dienst geschenkt. Auch habe ich die Wege gut machen können. Ich muss mich selbst wundern, wie gut und leicht ich wieder wandern kann. Es ist mir kürzlich das Wort in den Sinn gekommen: ‚Dein Alter sei wie deine Jugend.' Auch in Mecklenburg und in Baden bin ich viel gewandert.

Mein Hauptanliegen ist die Bitte um Vollmacht von oben, damit es ein Lebenswort sei, welches die Seelen hören und aufnehmen.

Die Geschwister nehmen mich überall herzlich auf. Das ist natürlich eine große Freude. Ich darf tatsächlich als ein Wunder der Bewahrung durch den Herrn zu ihnen kommen. Das stärkt ihren und meinen Glauben, dem Herrn im Blick auch auf die jetzigen und kommenden Nöte zu vertrauen.

Dass Sie meine Pensionierung aufgehoben haben, dafür bin ich sehr dankbar. Ich wäre auch mit der Pension zufrieden gewesen.

Mit Ihnen danken wir dem Herrn, dass der Saal des Bibelheims wieder für seinen Zweck frei geworden ist. Der Herr kann zu Seiner Stunde noch mehr schenken.

Es ist so, wie Sie geschrieben haben. Die vielen Erweise der Güte und Allmacht des Herrn hätten wir nicht gemerkt, wenn statt des schmalen Weges in den letzten zehn Jahren ein ruhiges Wandern gewesen wäre. So gibt es viel zu danken und zu rühmen nach Römer 5,3ff. Meine liebe Frau und ich sind sehr dankbar, dass uns der Herr recht geleitet und vor einem Ausweichen bewahrt hat. Er helfe uns, bis ans Ende unseres Lebens ganz unter Seiner Leitung zu bleiben."

Briefe aus dem Jahr 1946

Rückblickend auf das Jahr 1945 schreibt Bruder Parnes am 2. Januar 1946:

„Mir hat der Herr durch die Ruhejahre eine körperliche Gesundung und Verjüngung geschenkt. Ich kann wieder so leicht wandern wie in meiner Jugend. Im Geist bin ich noch frisch; das Denken macht mir keine Mühe. Der Herr hat mir in den meisten Versammlungen große innere Freudigkeit zum Zeugnis geschenkt. Im Winter hätte ich noch einige Versammlungen mehr halten können; aber die Türen dafür haben sich noch nicht aufgetan. Viel mehr könnte ich allerdings kaum übernehmen. Ich bin ja bereits ins 69. Lebensjahr eingetreten. Da ich meine Wege zu Fuß zurücklegen muss, brauche ich auch Zeit zum Ausruhen. Auch möchte ich mir für jede Versammlung genügend Zeit zur Vorbereitung nehmen. Der Herr wolle meinen kleinen Dienst segnen."

Ende September 1946 berichtet Bruder Parnes:

„Im vergangenen Vierteljahr konnten in Tiengen und in Mengen zum ersten Mal nach dem Krieg wieder Monatsversammlungen gehalten werden, welche einen gesegneten Verlauf nahmen. Die Versammlungen in diesen Orten sind klein; es fehlt an beiden Orten an säulenhaften Trägern der Sache des Herrn.

Vielleicht kann es der Herr meinem Nachfolger schenken, dass wieder mehr Seelen herzukommen. Das würde mich von Herzen freuen. Einstweilen will ich weiter für diese Orte treu beten.

Vom 25. August bis 2. September durfte ich in Karlsruhe eine Bibelwoche halten. Der Herr hat sich in Gnaden dazu bekannt und mein schlichtes Zeugnis gesegnet."

Im letzten Vierteljahr 1946 hielt Bruder Parnes in Mosbach und in Eutingen Bibelwochen. Über Mosbach berichtet er: „In Mosbach konnte der Herr Gnade zum Dienst schenken. Die Leute kamen, und der Herr schloss die Herzen auf, sodass das Wort willige Aufnahme fand. Wie eine besondere Fügung war es auch, dass Bruder Dittes und Frau regelmäßig teilnahmen. Die Trübsale, welche sie durchgemacht haben, machten ihre Herzen aufnahmefähig für das Wort. Es ist der Herr, der das schlichte Zeugnis gesegnet hat. Ihm gebührt allein der Dank und die Ehre."

Mancherlei Dienste außerhalb Badens

In Ebingen

Meine Eltern und Familie Fritz Müller in Ebingen hatte Bruder Parnes im Bibelheim kennengelernt. Sie konnten es vermitteln, dass er im Jahr 1939 in Tuttlingen an beiden Augen operiert wurde.

Im Juni 1946 kam er für drei Tage nach Ebingen. Am Freitag, 14. Juni, sprach er in der Gemeinschaft über Kolosser 1,15–20, am Samstag über 1. Könige 19,1–8 und am Sonntag über 1. Korinther 9,24–27. Außerdem machte er in diesen Tagen sieben Hausbesuche.

In Hamburg

Er besuchte auch das Missionshaus Jerusalem in Hamburg, wo er durch Pastor Frank getauft worden war. Der Judenchrist Werner Steinberg, Jahrgang 1913, berichtete 1995, wie Jakob Parnes nach dem Krieg in Hamburg ein Referat über die Israel-Frage gehalten hat, eine Thematik, die er gut beherrschte. Dabei machte er auch einen Besuch bei Familie Steinberg und sang ein Lied mit dem Refrain: „Von der Erde reiß mich los, mache meinen Glauben groß! Gib mir einen treuen Sinn, nimm mich ganz, mein Jesus, hin!"

Israel im Heilsplan Gottes
Tagung in Bad Boll vom 12. bis 15. Februar 1952

Von dieser Tagung gibt es ein von Prälat Dr. Karl Hartenstein verfasstes Protokoll.

Prediger Parnes von Baden, ein Judenchrist, sprach über „Die judenchristlichen Gemeinden im Zeugnis der Heiligen Schrift". Vertraut mit einem besonderen Erbe einer Väter-Theologie, für die die Namen Auberlen und Böhmerle bezeichnend sind, unterschied er drei „Haushaltungen Gottes": die judenchristliche Gemeinde des Anfangs, die dann mit der heidenchristlichen Gemeinde im Dienst der ersten Apostel zusammenwächst; die Haushaltung der Ekklesia, der Gemeinde Gottes aus Israel und den Völkern zwischen der ersten und zweiten Wiederkunft des Herrn; und die dritte Haushaltung, beginnend mit dem Werden des Staates Israel im Mai 1948. Damit beginnt nach seiner Meinung die Erfüllung von Hesekiel 37 und Sacharja 13,8–9: der Beginn der im Alten Testament verheißenen Heimkehr der Juden in das Land der Väter und der Erweckung einer Gemeinde in seiner Mitte. Er belegte dies mit Stellen wie Daniel 7,13ff.; Jesaja 2,2.3; Sacharja 8,13.20ff.; Joel 3; Apostelgeschichte 3,17ff.; Matthäus 24,32ff.; Jesaja 19,23–25ff. und Römer 11. Er ermahnte die Freunde, dem Werden judenchristlicher Gemeinden und der Entwicklung des Staates Israel besondere, wache Aufmerksamkeit zuzuwenden.

Über die ganze theologische Problematik wurde am dritten

Abend in eingehender und brüderlicher Weise gesprochen, wobei sich die Vertreter der kirchlichen Theologie ebenso wie die der kirchlichen Gemeinschaften eingehend beteiligten. Zuerst wurde von Pfarrer Burgstahler die Theologie Böhmerles eingehend erläutert und die verschiedenen Haushaltungen Gottes durch Prediger Parnes noch einmal umfassend dargelegt.

Völlige Einmütigkeit herrschte wie bei den Vätern in der Betonung des endlichen Heils für ganz Israel, aber nicht ebenso wie bei den Vätern in der Frage der Herrlichkeit und etwaiger Sonderwege Israels im neuen Äon. Es war sehr wertvoll und beglückend zu spüren, dass bei großer Verschiedenheit in der Einzelauslegung eine große Einheit in den Grundlinien des Heilsplans und der Bedeutung Israels für ihn die Vertreter von Kirche und Gemeinschaft verband.

Im tätigen Ruhestand

Im Protokoll der Verwaltungsratssitzung vom 30. Juni 1947 steht: „Bruder Parnes in Tiengen bittet, auf 1. August 1947 in den Ruhestand treten zu dürfen. Der Verwaltungsrat entspricht dieser Bitte und dankt dem Bruder für seine im Dienst des Vereins in vielen Jahren bewiesene Treue."

Sechseinhalb Jahre hatte Jakob Parnes schweigen müssen. Von Mai 1945 an bis zum Dezember 1954 schenkte ihm der Herr noch einmal neuneinhalb Jahre gesegneten Dienstes. Auch nach seiner Pensionierung im Jahr 1947 half er in Tiengen und Umgebung mit. Immer wieder wurde er auch zu Bibelwochen gerufen. Es seien einige Orte aufgeführt, an denen Bruder Parnes das Wort verkündigt hat: Kandern, Friesenheim, Epfenbach, Dillweißenstein, Walldorf, Wiesloch, Linkenheim, Dobel und Neusatz, Bischoffingen, Brötzingen, Conweiler, Allmannsweier, Diersburg, Schluchtern, Kirchardt, Ittersbach, Hockenheim, Hoffenheim, Müllheim, St. Georgen, Schiltach.

Im Jahr 1950 wurde Pfarrer Beck von einer langwierigen Krankheit befallen. Deshalb mussten Brüder im Bibelheim aushelfen. Vom 8. bis 18. Juli 1950 hielt Bruder Parnes einen Bibelkurs über Epheser 1 und 2. Ein zweites Mal diente er im Bibelheim vom 9. bis 19. September 1950 über Matthäus 5 und 6.

In den Jahren nach dem Krieg wurde in Verbindung mit Israel viel über Abram Poljak und seine Reichsbruderschaft gesprochen. In jener Zeit sprach Bruder Parnes an einem Dienstagabend in biblisch nüchterner Weise im Lesezimmer des Bibelheims über: „Israel im Heilsplan Gottes". Mir ist in Erinnerung geblieben, wie ein Bruder ihn nachher fragte: „Wie kann man heute über Israel sprechen, ohne Abram Poljak zu erwähnen?" Das konnte Bruder Parnes in seiner nüchternen Weise.

Gelegentlich sind auch im „Reich-Gottes-Boten" Themen genannt, über die Bruder Parnes damals gesprochen hat. Bei der Bibelwoche in Karlsruhe vom 8. bis 15. Juni 1952 hieß das Thema: „Weltkatastrophe und der Heilsplan Gottes". Im Mai 1954 sprach Bruder Parnes an einem Wochenende in Müllheim in drei Stunden über: „Judenchristliche Gemeinden, das Zeitalter der Gemeine, das kommende Königreich".

Mir war es ein besonderes Geschenk, dass ich in seinen letzten beiden Lebensjahren immer wieder mit ihm zusammenkam. Mein Dienst im Gemeinschaftsverband begann am 1. September 1952 in Durlach. Vom Sonntag, den 19. bis Sonntag, den 26. Oktober hielt Bruder Parnes eine Bibelwoche in Durlach über das Thema: „Gegenwart und Zukunft im Lichte des prophetischen Wortes". Er nahm damals regen Anteil am Neubeginn unserer Jugendarbeit und freute sich sehr, dass Ende Januar 1953 in der Gemeinschaft in Bötzingen, mit der er besonders verbunden war, die erste Bibelfreizeit für die männliche Jugend stattfand.

Für den Herbst 1954 waren zwei Bibelwochen von Bruder Parnes geplant. Die erste sollte vom 14. bis 21. November in Daisbach, Bezirk Meckesheim, stattfinden, die zweite vom 5. bis 12. Dezember in Langenalb.

Er konnte wie vorgesehen am 14. November in Daisbach

Der Grabstein in Tiengen

beginnen. Dort zog er sich eine schwere Erkältung zu und kehrte als sterbenskranker Mann heim.

Für mich war es eine freundliche Fügung, dass ich vom 30. November an zur Bibelfreizeit für junge Männer in Bötzingen war. Dorthin hatte ich auch meinen Vater mitgenommen. Auf die Nachricht hin, dass der mit uns eng verbundene Bruder Parnes in dem benachbarten Tiengen schwer darniederlag, konnten wir ihn noch besuchen und mit ihm das Abendmahl feiern. Am 2. Dezember 1954 ist er im Frieden Gottes heimgegangen.

Aus dem Nachruf von Pfarrer Beck

Der Erdenlebensweg unseres am 2. Dezember 1954 heimgegangenen Bruders Jakob Parnes ist in besonderen Bahnen verlaufen. Wenn er selbst darüber ein zusammenfassendes Zeugnis geben sollte, würde er wohl das Schriftwort wählen, das im Jahr 1899 bei seiner Taufe über ihm ausgesprochen worden ist: „Der HERR ist mir erschienen von ferne: Ich habe dich je und je geliebt, darum habe Ich dich zu Mir gezogen aus lauter Güte“ (Jeremia 31,3).

Etwas Besonderes war die äußere Lebensführung. Geboren ist er am 26. Dezember 1877 in dem damals zu Österreich-Ungarn gehörenden Galizien als Sohn jüdischer Eltern. Auf Umwegen kam er nach Hamburg und fand dort im Missionshaus Jerusalem Aufnahme. Der dortige Pastor Frank durfte dem jungen Israeliten manchen segensvollen Dienst tun. Durch eine innere Erleuchtung wurde er überzeugt, dass der gekreuzigte Jesus der Messias sei. Im März 1899 wurde er in Hamburg getauft.

Seine große Liebe gehörte von nun an seinem Heiland, der ihn zu sich gezogen hatte und dem er mit seiner Kraft und seinen Anlagen dienen wollte. Nach vierjähriger Ausbildungszeit auf St. Chrischona kehrte er nach Hamburg zurück und war dort fünf Jahre lang in der Judenmission tätig. Von dort ging sein Weg in die Gemeinschaftsarbeit nach Ludwigslust in Mecklenburg. Im Jahr 1921 berief ihn unser Gemeinschaftsverband in den Dienst nach Tiengen bei Freiburg. In der Heimatgemeinde seiner Frau durften die Eheleute mit der Gründung und Unterhaltung einer Krankenpflegestation und eines Kindergartens schätzenswerte und dankbar angenommene Liebesdienste tun.

Seine Gattin, die ihm viel gewesen ist, musste er im Jahr 1927 wieder hergeben. Im folgenden Jahr verheiratete er sich zum zweiten Mal. Auch in seiner zweiten Gattin gab ihm der Herr eine Gehilfin, wie er sie auf dem nun bald recht schwer werdenden Weg brauchte.

Über sein Erleben im Dritten Reich ist bereits ausführlich berichtet worden.

Durch diese Erlebnisse hatte sein Zeugnis noch gewonnen, sodass er vom Mai 1945 an wieder dankbar aufgenommene Dienste tun durfte. Als er mit 70 Jahren in den Ruhestand getreten war, war es ihm möglich, in einem weiteren Umkreis in Bibelwochen zu dienen. Die Bedeutung Israels im Heilsplan Gottes war das zeitgemäße Thema, das er ins Licht des biblischen Zeugnisses stellte. Von 1947 an durfte er sieben Jahre lang im Süden und im Norden unseres Vaterlandes, in der Ostzone, in der Schweiz und in Schweden sein Zeugnis geben. Die ruhige und stille Art des lieben, innerlichen Bruders, der seine Ausführungen stets mit den biblischen Zeugnissen untermauerte, hatte etwas Beruhigendes, und sein biblisches Zeugnis hatte Überzeugungskraft.

So hatte er auch für diesen Winter eine Reihe von Diensten zugesagt und bereits etliche, zum Beispiel in Gotha, durchführen dürfen. Da setzte der Herr seinem Dienen ein Ziel. Mitten in der Bibelwoche in Daisbach wurde er krank und kehrte als schwerkranker Mann nach Tiengen zurück. Zuerst hoffte er noch auf Besserung und sagte einmal zu seiner Frau, die ihn pflegen durfte: „Der Prediger in mir will noch nicht sterben." Aber bald merkte er, wie es um ihn stand, und legte sich still in den ernsten Willen seines Herrn. Eine Freude war es ihm noch, dass er im Geschwisterkreis das Mahl des Herrn feiern durfte. Er sprach den Wunsch aus, dass auf seinen Grabstein das Wort geschrieben werden soll: „Das Blut Jesu Christi, des Sohnes Gottes, macht uns rein von aller Sünde." Die Schwachheit des Leibes nahm zu, aber die Freude des Geistes blieb. So ist er dann in der Morgenfrühe des 2. Dezember in großem Frieden ohne besonderen Kampf entschlafen. Von ihm nahestehender Seite wurde über ihn gesagt: „Ein rechter Israelit, in welchem kein Falsch ist, wenn auch nicht ohne Fehler." Wir danken dem Herrn für den Segen, den Er durch den Dienst des lieben Bruders Parnes vielen vermittelt hat. Das Gedächtnis des still gewordenen Bruders wird im Segen bleiben.

Erinnerungen von Hans Schächtele in Wolfenweiler

Während meiner Schulzeit in Tiengen kam Bruder Parnes oft in mein Elternhaus. Dadurch sind mir vielerlei eindrückliche Erlebnisse in Erinnerung geblieben. Im Folgenden seien einige aufgeführt:

1. Bruder Parnes hat je und dann auch Sonntagsschule gehalten. Dabei fiel mir schon als Kind auf, dass er beim Beten seinen Blick immer nach oben wandte. Damals konnte ich

mir dieses Verhalten nicht erklären. Heute aber habe ich den Eindruck, dass seine Blicke und seine Gedanken immer dem himmlischen Vater zugewandt waren. Er versuchte, uns Kindern bis zur Konfirmation den Heiland groß zu machen. Zum Abschluss bekam jeder Konfirmand eine Bibel mit seiner eigenhändigen Widmung überreicht.

2. Dass er ein Herz für die Jugend hatte, zeigte sich auch darin, dass er jedes Jahr einen Ausflug in den Schwarzwald organisierte, wo er wirklich mit uns Jungen jung gewesen ist. Doch stand auch an einem solchen Tag das Wort Gottes im Mittelpunkt. So erinnere ich mich an eine Andacht, die er zum Abschluss eines solchen Tages an einem Waldrand auf dem Notschrei gehalten hat. Dabei sang man das Lied: „Herr, Dir ist niemand zu vergleichen." Mein im Krieg gefallener Bruder Schorsch hat es mit der Trompete begleitet. Das ist mir bis heute deutlich in Erinnerung geblieben.
3. Ein weiteres Kindheitserlebnis mit Bruder Parnes: Während der Winterszeit hat er in seinem Wohnzimmer öfter eine Bibel- und Gebetsstunde abgehalten. Meine Mutter hat mich als einen Zehn- oder Zwölfjährigen auch einmal zu einer solchen Stunde mitgenommen. An jenem Abend sprach er über die baldige Wiederkunft unseres Heilandes, denn das prophetische Wort lag ihm sehr am Herzen. Dabei sagte er wörtlich: „Der Herr Jesus kommt nicht erst in tausend Jahren, auch nicht in fünfhundert Jahren. Es geht keine hundert Jahre mehr bis zu Seinem Erscheinen." Das sagte er etwa im Jahr 1925. Am nächsten Tag habe ich es voller Begeisterung meinen Schulkameraden erzählt, aber die haben darüber nur gelacht.
4. Noch ein Kindheitserlebnis mit Bruder Parnes: Im Ersten Weltkrieg hatte er als Sanitäter im österreichischen Heer Dienst getan. Deshalb wurde er im Dorf gelegentlich in Notfällen zur Hilfe gerufen. So auch an einem Karfreitag. Nach Beendigung des Nachmittaggottesdienstes war auf dem Heimweg bei einem Gottesdienstbesucher Hilfe erforderlich. Arzt und Krankenschwester gab es damals in unserem Dorf nicht. So rief man den „Herrn Parnes" zur Hilfe.

Er kam auch schnellen Schrittes in seinem feiertäglichen Gewand, im Gehrock, herbei und tat an dem Hilfsbedürftigen, was ihm möglich war.

5. Solche Ereignisse haben dazu geführt, dass sich die Bevölkerung auch während der Hitlerzeit für Bruder Parnes einsetzte. Eine jetzt noch lebende Frau hat berichtet, wie der Ortsgruppenleiter einmal zu ihrem Vater kam und fragte: „Was sollen wir nur mit dem Parnes machen?" Der Gefragte antwortete ihm: „Den lasst ihr gefälligst in Ruhe! Er hat in unserer Gemeinde noch keinem Menschen etwas Übles getan."
6. Nach dem Tod seiner ersten Frau ging Bruder Parnes oft auf den Friedhof an ihr Grab. Als er wieder einmal auf dem Weg zum Friedhof war, wurde er plötzlich an das Wort der Engel nach Jesu Auferstehung erinnert: „Was suchet ihr den Lebendigen bei den Toten?" Von diesem Wort innerlich getroffen, kehrte er alsbald um und ging getröstet wieder heim.
7. Als ich 1936 zum Wehrdienst nach Ulm eingezogen wurde, gab er mir den Rat mit, in Ulm in die Altpietistische Gemeinschaft zu Bruder Lauer zu gehen. Auf diese Weise habe ich damals den Vater von Bruder Günter Haubensak kennengelernt, der jeden Sonntag am Wort mitgedient hat. Auch die beiden Brüder Scherer haben uns Soldaten allezeit brüderlich aufgenommen. So ist mir der brüderliche Rat von damals zum Segen geworden.
8. Als ich im Jahr 1948 aus Krieg und Gefangenschaft zurückgekehrt war, besuchte ich Bruder Parnes. Bei solch einem Besuch wollte er mir unerfahrenem jungen Mann in der Erkenntnis des göttlichen Wortes weiterhelfen. Es lag ihm damals besonders daran, mir das Wort aus Jesaja 45,23 und 24 verständlich zu machen: „Mir sollen sich alle Knie beugen und alle Zungen schwören und sagen: Im HERRN habe ich Gerechtigkeit und Stärke."

Bis heute sind an manchen Orten am Kaiserstuhl und im Bezirk Emmendingen noch Segensspuren von Bruder Parnes festzustellen. Das Wort, das der durch tiefe Leiden gereifte

Bruder im Segen ausgestreut hat, ist nicht leer zurückgekommen.

Aus dem schriftlichen Zeugnis von Jakob Parnes

Die Zukunft Israels im Lichte der Bibel

Der erste Hinweis findet sich im „Reich-Gottes-Boten" vom 13. März 1927:

Vom Büchertisch

Nur eine kleine Broschüre von 16 Seiten im Preis von nur 10 Pfennig, dabei sauberer Umschlag und schönes, weißes Papier, ein Konferenzthema mit dem Titel: „Die Zukunft Israels im Lichte der Bibel", geschrieben von unserem Reisebruder J. Parnes. Das Büchlein wünsche ich in die Hand eines jeden Kindes Gottes. Es verdeutlicht manches, was wir von unserem lieben Herrn Pfarrer Böhmerle gehört und gelesen haben. Die hauptsächlichsten Verheißungen der Heiligen Schrift Alten und Neuen Testaments, die speziell Israel als Nation betreffen, sind hier schön zusammengestellt und schlicht behandelt. Das Büchlein wird den Blick der Kinder Gottes weiten, ihnen einen besseren Begriff von dem herrlichen Königreich unseres Heilandes Jesu Christi vermitteln und dazu beitragen, mehr in der Liebe des zerstreuten und verachteten Judenvolkes zu gedenken. Dieses hat eine besondere Stellung im Rate Gottes und daher auch eine herrliche Zukunft. Das Schriftchen eignet sich auch zur Verbreitung unter Israeliten. Es ist so schlicht gehalten, dass es auch für diese verständlich ist. Das Herz manches Israeliten kann warm werden, schließlich auch für unseren hochgelobten Herrn und Heiland Jesus Christus, wenn er von den herrlichen, im Buch der ewigen Wahrheit verbürgten Hoffnungen liest. Wir empfehlen das Buch zur reichlichen Verbreitung.

Das kleine Büchlein, das mir in der vierten Auflage, 16. bis 21. Tausend, vorliegt, ist im Selbstverlag J. Parnes, Tiengen bei Freiburg i. B., erschienen. Zwei Leitworte stehen auf der Titelseite: „Von Zion wird das Gesetz ausgehen und das Wort Jehovas von Jerusalem" (Jesaja 2,3). „Das Heil kommt von den Juden" (Johannes 4,22).

Der erste Abschnitt dieses Heftchens sei hier wiedergegeben:

Hat das Volk Israel überhaupt noch eine Zukunft? Lange Zeit ist diese Frage auch von Gläubigen verneint worden. Man hat die Verheißungen, welche sich auf die Zukunft Israels beziehen, geistlich gedeutet und sie auf die neutestamentliche Gemeinde angewandt. Auch die Juden selbst hörten auf, an ihre große Zukunft zu glauben, und strebten danach, sich zu assimilieren. Der Judenmission stand zwar als letztes Ziel die Bekehrung Israels vor Augen; aber man dachte, dass diese Bekehrten in den anderen Nationen aufgehen würden.

In diesen Anschauungen hat sich eine Wandlung vollzogen. Den Kindern Gottes hat der Herr vermehrtes Licht über das prophetische Wort gegeben. Man erkannte, dass jetzt überhaupt nicht die Zeit der Bekehrung ganzer Völker ist, sondern die Herausrufung der Gemeinde, des Leibes Christi, und deren Zubereitung auf die Wiederkunft Jesu. Weil Israel als Volk den Herrn verwarf, so sind einige Zweige ausgebrochen und an deren Stelle aus den Nationen, als dem wilden Ölbaum, andere Zweige eingepfropft und der Wurzel und der Fettigkeit des Ölbaums teilhaftig geworden (Römer 11,17). Wenn diese „Vollzahl" (Römer 11,25) herausgerettet sein wird, dann kommt wieder die Zeit für Israel als Volk. Auch unter den Juden selbst erwacht dann das Nationalgefühl, welches in der Bewegung des Zionismus seinen Ausdruck gefunden hat. So stehen wir nun vor der Tatsache, dass sowohl bei den Gotteskindern auf Grund der Schrift, wie unter den Juden durch das verborgene Walten Gottes, zu gleicher Zeit der feste Glaube an die Zukunft Israels als Volk lebendig geworden ist. Es ist nun unsere Aufgabe, auf Grund der Schrift die Zukunft Israels zu beleuchten. Wir wollen dabei die wunderbare Vision, welche der Prophet Hesekiel hatte, zur Grundlage nehmen, also das Kapitel Hesekiel 37.

Es treten uns aus dem Wort Gottes drei Hauptgedanken entgegen:

1. die nationale Wiederherstellung Israels,
2. die geistliche Erneuerung,
3. die Stellung des bekehrten Israels in der Völkerwelt.

Christus ist uns geworden zur Erlösung

Im „Reich-Gottes-Boten" 1928 finden wir einen Beitrag von Jakob Parnes unter der Überschrift: „Christus ist uns geworden zur Erlösung" (1. Korinther 1,30).

Worin besteht die Erlösung im Einzelnen? Die vier Antworten von Bruder Parnes seien wiedergegeben:

1. In der Erfüllung des Gesetzes im Niedrigkeitsleib,
2. in der Befreiung von dem Anrecht und der Herrschaft Satans durch die Erlösung von der Sündenschuld,
3. in der Überwindung des Todes durch Seine Auferstehung,
4. wenn Christus, der Wiederkommende, mit Seiner verklärten Gemeinde als König erscheinen wird.

Zwei Beiträge im Jahr 1930

Im „Reich-Gottes-Boten" 1930 finden sich gleich zwei Beiträge von Bruder Parnes.

Im Mai schrieb er eine Betrachtung unter der Überschrift: „*Unerfüllte Verheißungen*". Sein Text war Jesaja 2,2–4: „In der Endzeit wird es geschehen. Der Tempelberg des HERRN wird fest gegründet dastehen an der Spitze der Berge und über die anderen Höhen erhaben sein. Dann werden alle Völker zum Hause des HERRN strömen. Denn von Zion wird Belehrung ausgehen und das Wort des HERRN von Jerusalem. Dann wird Er zwischen den Völkern richten und vielen Nationen Recht sprechen. Sie werden ihre Schwerter zu Pflugscharen schmieden und ihre Lanzenspitzen zu Winzermessern."

Wie sehr die leitenden Brüder Jakob Parnes schätzten, geht daraus hervor, dass sie ihn beim Landesjahresfest am 2. November 1930 neben Pfarrer Urban als zweiten Festredner einteilten. Er wählte zu seinem Schlusswort einen eigenartigen Text:

„Gehörst du uns an oder unseren Feinden?“ (Josua 5,13).

Wir wollen uns diese Frage zu unserer Selbstprüfung stellen. Anhand von Jesaja 50,4–8 können wir diese Selbstprüfung vornehmen.

1. Ein Gotteskind hat ein geöffnetes Ohr: „Er weckt mir das Ohr, dass ich höre wie ein Jünger.“
2. Ein Gotteskind hat eine gelehrte Zunge: „Der HERR hat mir eine gelehrte Zunge gegeben.“
3. Ein Gotteskind hat ein gehorsames Herz: „Ich bin nicht ungehorsam und gehe nicht zurück.“
4. Ein Gotteskind hat Leidensgnade: „Ich hielt meinen Rücken dar denen, die mich schlugen, und meine Wangen denen, die mich rauften; mein Angesicht verbarg ich nicht vor Schmach und Speichel.“
5. Ein Gotteskind hat kindliches Vertrauen: „Aber der HERR hilft mir; darum werde ich nicht zuschanden.“
6. Ein Gotteskind hat Heilsgewissheit: „Er ist mir nahe, der mich gerecht spricht; wer will mit mir hadern?“

An diesen Kennzeichen kann sich jedes prüfen, ob es schon dem Herrn angehört, ob es schon eine Rebe am himmlischen Weinstock ist, ob es schon in Christus ist. Trachten wir danach, dass wir auf die Frage: „Gehörst du uns an oder unseren Feinden?“, demütig, aber gewiss antworten können: Ich bin Dein! Sprich Du darauf ein Amen! Treuster Jesu, Du bist mein.

Die biblische Lösung der Judenfrage

Im „Reich-Gottes-Boten“ ist der 30. Januar, an dem Adolf Hitler Reichskanzler wurde, sozusagen umrahmt vom Aufsatz von Bruder Parnes über die biblische Lösung der Judenfrage. Der erste Teil wurde am 15. Januar veröffentlicht, der fünfte Teil am 12. Februar. Die kurze Einleitung und die Überschriften seien wiedergegeben:

Mit der Judenfrage beschäftigen sich viele und suchen nach ihrer Lösung. Für Bibelgläubige gibt es nur eine richtige Lösung dieser Frage, und das ist die biblische. In unserer Zeit ist die Judenfrage brennend geworden, und wir haben Ursache, uns mit ihr zu beschäftigen. Folgende Gedanken sollen uns dabei leiten.

I. Es gibt eine Judenfrage
II. Wann wird die Judenfrage gelöst werden?
III. Wie wird die Judenfrage gelöst werden?
IV. Welche Folgen wird die Lösung der Judenfrage haben?
V. Wie haben sich die Gläubigen zur Lösung der Judenfrage zu stellen?

Zu I.
Es gibt eine Judenfrage

a) Die Judenfrage besteht schon seit der Erwählung und Berufung Abrahams.
b) Im ganzen Alten Bund handelte es sich in erster Linie um die Judenfrage.
c) Auch Jesus kam in erster Linie, um die Judenfrage zu lösen.
d) Israel hat als Volk Jesus verworfen, der Herr aber hat Sein Volk nicht verstoßen. Der Beweis dafür:
   1. Paulus ist selbst ein Vorbild davon.
   2. Die siebentausend Seelen, welche zu Elias Zeit ihre Knie vor Baal nicht gebeugt haben.

Zu II.
Wann wird die Judenfrage gelöst werden?

a) Wenn die Vollzahl der Nationen eingegangen sein wird.
b) Wenn in Israel der Abfall von Jehova vollendet und auch in der Nationenwelt das Antichristentum ausgereift sein wird.
c) Das wird bei der sichtbaren Wiederkunft Christi geschehen, wie sie in Offenbarung 19 beschrieben ist.

Zu III.
Wie wird die Judenfrage gelöst werden?

a) Scheinbar ist dies unmöglich.

b) Gott wird die Möglichkeit schaffen.
c) Gott wird sich Israel offenbaren.

Zu IV.
Welche Folgen wird die Lösung der Judenfrage haben?
Israel kommt an die Spitze der Völker (Jauchzet über das Haupt unter den Nationen! Jeremia 31, 7).
Seine Annahme ist Leben aus den Toten (Römer 11, 15).
Israel wird der Segensträger für die Völker sein (Jesaja 2,2–4).

Zu V.
Wie haben sich die Gläubigen zur Lösung der Judenfrage zu stellen?
a) Sie dürfen sich an Israel nicht versündigen und dadurch hindernd in den Weg stellen.
b) Die Gläubigen haben bei der Judenfrage fördernd mitzuhelfen
   1. durch Fürbitte (Jesaja 60,6.7),
   2. durch einen Lichtswandel Israel zum Nacheifern reizen (Römer 11,13),
   3. durchs Zeugnis auf die Herausrufung der Gnadenwahl hinzuwirken.

Bruder Parnes beschließt sein Referat über die biblische Lösung der Judenfrage mit einem Gedicht seiner heimgegangenen Frau Maria:

O Volk des Herrn! Wie tief sind die Gedanken,
wie hoch die Ziele, die dein Gott uns zeigt!
Wie fest ist Seine Treue! Ohne Wanken
ist deines Königs Herz dir zugeneigt.

Kennst du Sein majestätisches Versprechen?
„Der Sonne Lauf, das Sternenheer ist Mein.
Wenn solche Ordnungen des Himmels brechen,
dann, Israel, wirst du kein Volk mehr sein" (Jeremia 31, 35.36).

Ein Strom der Gnade wird sich neu ergießen,
wenn endlich Volk und König sind versöhnt.
O Israel, wenn deine Tränen fließen
und die verstummte Harfe neu ertönt!

Ihr Gotteskinder aus dem Neuen Bunde,
seht euern ältern Bruder liebend an
und preist und lobt mit ihm aus einem Munde
den Herrn, der euch und ihm so wohlgetan!

Der aus Jerusalem Sein Wort ließ schallen,
aus Zion brach das helle Licht hervor,
in dessen Glanz vereint die Völker wallen
und ziehn begnadigt ein durchs Perlentor.

O großer Herrscher, den kein Name nennt,
wir liegen jetzt vor Dir in heißem Flehen:
Dein ist das Reich! O lass es bald geschehen,
dass Dich Dein Volk als seinen König kennt!

Gottes Gedanken mit Israel (Hesekiel 37,1–14)

Nach 1948 konnte Jakob Parnes ein neues Heftchen herausbringen. Diesmal steht das Gedicht seiner Frau Maria am Anfang. Dann beginnt Bruder Parnes: „In den vergangenen Jahren sind zwei besondere Dinge im Blick auf das Volk Israel geschehen: Fünf bis sechs Millionen Juden sind in oft sehr grausamer Weise umgebracht worden, und seit 1948 ist der Staat ‚Israel' entstanden.

Da fragen wir mit Recht: Welche Gedanken hat der Herr mit Seinem alten Bundesvolk Israel? In Hesekiel 37 steht die Antwort: Rückführung in das Land der Väter."

Am Schluss schreibt Bruder Parnes: „Von der Bekehrung Israels hängt das Heil für die Völkerwelt ab (Apostelgeschichte 3,12–25). Petrus hat nach Pfingsten noch einmal zum Volk Israel gesprochen. Er sagte ihm zuerst die volle, ernste Wahrheit, dass sie den Urheber des Lebens getötet haben. Dann forderte der Apostel Petrus das Volk Israel nochmals zur Buße und Bekehrung auf, damit die Zeiten der Erquickung und der Wiederherstellung aller Dinge kommen, von welchen Gott durch den Mund Seiner heiligen Propheten und Jünger geredet hat – indem Er zu Abraham sprach: ‚In deinem Samen werden gesegnet werden alle Geschlechter der Erde.'"

Judenchristliche Gemeinden im Zeugnis der Heiligen Schrift

Noch ein letztes Heftchen mit acht Seiten hat Jakob Parnes herausgegeben. Daraus einige Leitsätze:

I. In der ersten Christenheit gab es judenchristliche Gemeinden. Die ersten Christen waren Juden.
II. Dann kam das Zeitalter der Gemeine aus allen Völkern.
III. Nun stehen wir wieder vor einem Wendepunkt.

Es ist zu erwarten, dass sich im Staat Israel in der kommenden Zeit judenchristliche Gemeinden bilden werden.

Was soll mit den Christen aus Israel geschehen?

1. Man muss sie besonders pflegen.
2. Man muss aus der Vergangenheit lernen und an die Zukunft rechtzeitig denken.